MW01700851

Ricette della Cucina toscana

Paolo Petroni

Ricette della Cucina toscana

La buona tradizione familiare:
i sapori di ieri, i gusti di oggi

GIUNTI

Responsabile editoriale
Roberto De Meo

Progetto grafico
Rocío Isabel González

Impaginazione
Yoshihito Furuya, Daniela Pincelli

Redazione
Daniela Pincelli

Fotografie
Tutte le fotografie appartengono a R. Germogli a eccezione delle seguenti:
Archivio Giunti/Lorenzo Borri pp. 10, 13, 19, 33, 55, 61, 69, 71, 79, 115, 131, 151, 157, 161, 171, 173, 181, 184, 205, 207;
Archivio Giunti/Giovanni Petronio pp. 14, 39, 44, 47, 51, 81, 87, 91, 99, 107, 112, 119, 123, 133, 187, 195, 201, 217, 221, 225, 231, 239, 243;
Archivio Giunti/Giuliano Valsecchi p. 103;
©T. Tulic/Fotolia p. 6.

www.giunti.it

Via Bolognese 165 - 50139 Firenze - Italia
Via Borgogna 5 - 20122 Milano - Italia
Prima edizione: aprile 2013

Ristampa	Anno
5 4 3 2 1 0	2016 2015 2014 2013

PEFC
PEFC/18-31-356

Certificato PEFC
Questo prodotto è realizzato con materia prima da foreste gestite in maniera sostenibile e da fonti controllate
www.pefc.it

Stampato presso Giunti Industrie Grafiche S.p.A. - Stabilimento di Prato

Sommario

Prefazione

Passa il tempo, ma la cucina toscana è sempre attuale e apprezzatissima sia in italia che nel mondo. Le ragioni di questo successo sono semplici: ingredienti di prima qualità, gusti schietti, decisi, piacevoli.

Oggi, grazie anche alle nuove tecniche di cottura e di preparazione (fuochi molto potenti anche nelle cucine di casa, recipienti di grande qualità, utensili elettrici comodissimi, forni efficienti), la cucina toscana è anche più facile e veloce da preparare e quindi davvero alla portata di tutti.

Ma c'è anche un altro motivo dell'attualità di questa cucina: la sua versatilità, la sua capacità di "adattarsi" ai gusti moderni, la sua flessibilità di fronte alle esigenze dell'alimentazione moderna e anche agli "estri" di ogni appassionato che vuol tentare "aggiornamenti" e variazioni sul tema della tradizione.

Questo libro contiene sia i migliori piatti delle usanze popolari, cioè i sapori di un tempo, che le ricette attuali, moderne, nate da basi territoriali ma innovate e personalizzate secondo i canoni della cucina di oggi. Proprio per questo tutte le preparazioni, sempre provate, hanno dosi di ingredienti e di condimenti allineate alle regole di una moderna e corretta alimentazione.

Paolo Petroni

NOTE SUGLI INGREDIENTI

Prima di mettere in pratica le ricette, consiglio caldamente di leggere queste brevi note che contengono informazioni importanti per la perfetta riuscita dei piatti.

AGLIO E PEPERONCINO • L'aglio fresco è insuperabile, ma nei sughi e nelle salse oggi si può sostituire con un comodo aglio in pasta o liofilizzato in polvere; la stessa cosa vale per il peperoncino, che si trova anche abbinato all'aglio in polvere. In molte preparazioni anche il dado di aglio e prezzemolo può andare bene.

BATTUTO DEGLI ODORI • Un buon battuto con i classici odori (cipolla, sedano e carota) ha un profumo imbattibile ma, per risparmiare tempo e in mancanza di odori freschi, anche un battuto surgelato può andare; alcuni supermercati preparano addirittura un battuto fresco in vaschetta: estrema alternativa è il battuto in dado.

BRODO • A parte il brodo classico per le minestre (che deve essere fatto con tutti gli ingredienti giusti), per la maggior parte delle preparazioni, quando si deve usare "poco brodo", va benissimo il brodo granulare o anche il dado da brodo vegetale. Fanno ovviamente eccezione le cotture in brodo di tortellini, anolini ecc.; qui ci vuole un ottimo brodo di manzo o di manzo e cappone, secondo le diverse tradizioni locali (Brodo in terza, Tre brodi, ecc.).

FORMAGGI • Ho scritto tutti i nomi dei formaggi senza l'iniziale maiuscola per non fare distinzioni tra formaggi già protetti da denominazioni d'origine o da marchi e consorzi vari e formaggi in attesa di una specifica regolamentazione; a ogni modo, preciso che con il termine generico di "parmigiano" ho inteso riferirmi sia al Parmigiano Reggiano che al Grana Padano; con il termine di "mozzarella" intendo la Mozzarella di bufala campana, prodotta in Campania e nel basso Lazio. Per gli altri formaggi da usare con i primi piatti, preferite sempre quelli genuini, prodotti veramente nelle zone tipiche; i marchi in questo caso possono essere di grande aiuto.

OLIO D'OLIVA • Nelle ricette indico semplicemente "olio d'oliva", perché per me l'olio d'oliva è unicamente e semplicemente l'olio estratto dalle olive, ma siccome la legge intende ben altre cose, allora usate esclusivamente l'olio "extravergine d'oliva". Ove possibile, preferite sempre l'olio prodotto nella regione di appartenenza della ricetta: ad esempio per fare il pesto alla genovese usate un delicato olio extravergine della riviera ligure; con le orecchiette alle cime di rapa preferite un sapido olio extravergine pugliese; con la minestra di fagioli alla toscana è meglio un fruttato olio di questa regione.

PANNA • Sono contrario all'uso della panna nella pasta, tuttavia, in alcuni (rarissimi) casi potete metterne un po'; è però indispensabile usare solo la crema di latte, cioè una panna fresca, leggera, liquida, da montare. Evitate rigorosamente l'uso della cosiddetta "panna da cucina" (a lunga conservazione), densa come colla e dal sapore coprente.

POMODORI • Nelle ricette che richiedono l'uso di pomodori ho indicato sia la possibilità di impiegare i pelati in scatola (compreso il liquido) che quelli maturi freschi. Oggi nei sughi consiglio i classici "pelati": sono più gustosi, rendono di più, sono già "pelati" e quindi più comodi. Non usate mai le salse e le passate di pomodoro già pronte. Se avete a disposizione dei pomodori freschi maturi, tenete presente che al posto di una scatola di pelati da 400 g dovrete usare circa 5-600 g di pomodori freschi.

VINO • In molte salse si aggiunge del vino bianco o, più raramente, del vino rosso, che poi viene fatto ritirare; potete usare qualunque vino, anche in cartone, purché non sia cattivo né sappia di aceto o di tappo.

Pesi e misure con cucchiai, tazze, bicchieri

1 cucchiaino da tè	
d'acqua, olio ecc.	4-5 cc o ml
di farina, sale, zucchero (raso)	4-5 g
di farina, sale, zucchero (colmo)	8-10 g

1 cucchiaio da minestra = 3 cucchiaini da tè	
d'acqua, olio ecc.	12-15 cc o ml
di farina, sale, zucchero (raso)	12-15 g
di farina, sale, zucchero (colmo)	20-25 g
di riso (colmo)	15-20 g
di parmigiano grattato (colmo)	10-15 g
di burro	15-20 g

1 tazza da caffellatte = 16 cucchiai da minestra	
d'acqua, olio ecc.	230-250 cc o ml
di farina	120-140 g
di zucchero, riso	180-210 g

1 bicchiere	
da acqua	150-200 cc o ml
da vino	120-140 cc o ml
da liquore (bicchierino)	40-60 cc o ml

Antipasti
e
torte salate

Aringhe marinate

PER 4 PERSONE

- Aringhe intere sotto sale o filetti d'aringa
- Poco latte
- Odori (cipolla, carota, sedano)
- Olio d'oliva
- Sale e pepe

Sfilettate le aringhe (è preferibile il tipo con le uova, cioè la femmina, rispetto al maschio con il "latte"), lavate i filetti e metteteli in infusione nel latte in frigo (per una notte potete usare dei comodi filetti di aringa già pronti e puliti, ma metteteli comunque in infusione nel latte).

Fate un battuto fine con tutti gli odori e mettetelo in una pirofila, salate, pepate e aggiungete ottimo olio extravergine d'oliva.

Girate bene e unite i filetti di aringa sciacquati e asciugati, copriteli con cura e lasciateli a insaporirsi almeno un giorno prima di gustarli con del buon pane toscano e magari con dei fagioli lessi.

*Sul mercato si trovano sia le aringhe "**argentate**" (sotto sale) che quelle "**dorate**" essiccate e affumicate meno consigliabili per questa preparazione.*
Se volete spellare più facilmente le aringhe dovrete abbrustolirle sulla fiamma per far sollevare la pelle; è chiaro che i filetti già pronti danno meno problemi.

Baccalà marinato alla massese

PER 6 PERSONE

- Baccalà già pulito e ammollato: g 500
- Farina
- 3 spicchi d'aglio
- Rosmarino
- 1 bicchiere di vino bianco
- 1 bicchiere di aceto bianco
- Pomodori pelati: g 400
- Olio d'oliva
- Sale e pepe

Tagliate il baccalà già diliscato a pezzi di circa 6 cm, infarinateli e fateli rosolare in una padella con 8 cucchiai d'olio e 1 spicchio d'aglio intero.

Quando saranno ben coloriti metteteli da parte su carta da cucina e poi in una capace terrina.

Nella stessa padella, con l'olio rimasto, fate rosolare un trito grossolano di 2 spicchi d'aglio e rosmarino, prima che l'aglio prenda colore, unite il vino, l'aceto e i pomodori, salate, pepate e fate cuocere a fuoco vivo per circa 15 minuti, finché la salsa non sarà un po' ritirata.

Versate la salsa ancora calda sui pezzi di baccalà e lasciateli a marinare per almeno 24 ore; si servono a temperatura ambiente.

Carpaccio di Carciofi

PER 4 PERSONE

- 6 carciofi
- 2 limoni
- Pecorino toscano stagionato: g 200
- Olio d'oliva
- Sale e pepe

Private i carciofi delle punte e delle prime foglie più dure, lasciando poco gambo; tagliateli a metà, liberateli dal "fieno" centrale e metteteli a bagno in acqua acidulata con il succo di un limone.

Tagliate a fettine o scaglie il pecorino.

Preparate una salsa emulsionando olio, succo di limone, sale e pepe (volendo potete sostituire il succo di limone con dell'aceto balsamico).

Tagliate i carciofi a fettine sottili, mettetele su un piatto e cospargetele con le scaglie di pecorino, infine unite la salsetta che avete preparato e servite.

Cascioni o crescioni

PER 4 PERSONE

- Spinaci: g 600
- Farina: g 200
- 2 spicchi d'aglio
- 4 cucchiai di parmigiano grattato
- Olio d'oliva
- Sale e pepe
- Olio per friggere

Impastate la farina con 2 cucchiai d'olio, poco sale e un po' d'acqua tiepida, lavoratela bene, fatene una palla e lasciatela riposare in frigo avvolta nella pellicola per circa un'ora.

Lavate gli spinaci e lessateli con la sola acqua che è rimasta sulle foglie, strizzateli e tritateli grossolanamente, quindi rosolateli in padella con 4 cucchiai d'olio, gli agli interi, sale e pepe; alla fine incorporate il formaggio.

Stendete la sfoglia sottilissima e ritagliatela in dischi di circa 8 cm di diametro, mettete al centro di ognuno un cucchiaino colmo di ripieno e chiudeteli a mezzaluna, sigillando i bordi con una forchetta.

Friggeteli in abbondante olio caldo, metteteli su un foglio di carta da cucina, salateli e serviteli ben caldi.

Cecìna o torta di ceci

PER 6 PERSONE

- Farina di ceci: g 300
- Olio d'oliva
- Sale e pepe

Stemperate lentamente la farina di ceci in circa un litro e mezzo d'acqua fredda. Mescolate bene e a lungo (il composto dovrà risultare molto liquido e senza grumi).

Aggiungete mezzo bicchiere d'olio e un cucchiaino di sale; rimestate bene e lasciate riposare per circa mezz'ora.

Ungete una teglia molto larga con poco olio e versateci la farinata di ceci.

Cuocetela in forno caldissimo (regolato al massimo) finché non si sarà formata una crosticina dorata.

Si gusta calda con una spruzzatina di pepe.

Cipolle ripiene ai formaggi

PER 4 PERSONE

- 4 grosse cipolle bianche
- Fontina: g 100
- Scamorza affumicata: g 50
- Pangrattato
- Olio d'oliva
- Sale e pepe

Sbucciate le cipolle, lavatele e sbollentatele per una decina di minuti in acqua salata.

Scolatele e fatele intiepidire, quindi dividetele a metà, togliete l'interno (in modo da avere come delle vaschette) e tritate circa la metà della cipolla che avete tolto.

Grattate con l'apposita grattugia o tritate finemente i 2 formaggi e mescolateli alla polpa delle cipolle e a 2 cucchiai di pangrattato, condite il tutto con 4 cucchiai d'olio, sale e pepe.

Con questa farcia riempite le cipolle e mettetele in una teglia, spolveratele con del pangrattato, irroratele con un filo d'ol o e fatele cuocere a forno molto caldo (220°C) per un quarto d'ora. Si gustano tiepide.

Cozze ripiene

PER 4 PERSONE

- 12 grosse cozze (o muscoli)
- Mortadella: g 50
- Tonno sott'olio: g 30
- 2 cucchiai di pangrattato
- 2 cucchiai di parmigiano grattato
- 1 uovo
- Olio d'oliva
- Sale e pepe
- Salsa di pomodoro fatta con g 400 di pomodori pelati, aglio e prezzemolo

Per prima cosa preparate una semplice salsa di pomodoro facendo rosolare aglio e prezzemolo tritati con 6 cucchiai d'olio, prima che l'aglio prenda colore unite i pomodori, salate, pepate e fate cuocere per circa 20 minuti.

Preparate un impasto con la mortadella tritata fine, il tonno sbriciolato, il pangrattato, il formaggio e l'uovo; salate, pepate e amalgamate bene il tutto.

Pulite bene le cozze (togliete il "baffo" tirandolo verso la parte più grande del guscio) e apritele con un coltellino lasciando attaccate le due parti.

Con un cucchiaino farcitele con il composto, poi richiudetele e legatele avvolgendole con del filo da cucire bianco.

Mettetele infine a cuocere per circa un quarto d'ora nella salsa di pomodoro che avete preparato. Servitele tiepide, dopo aver tolto il filo.

Crostini al Pesto di lardo

PER 4 PERSONE

- Lardo di maiale macinato fine: g 250
- 1 spicchio d'aglio
- 1 cucchiaio di aceto di vino bianco
- Rosmarino
- Sale e pepe nero in grani
- Pane casalingo toscano

Mettete il lardo in una zuppierina e aggiungete un po' di sale, del pepe appena macinato, l'aglio pestato o tritato fine (o pasta d'aglio o aglio in polvere), l'aceto e un trito finissimo di poco rosmarino.

Girate bene e a lungo (la tradizione richiederebbe un impasto fatto con le mani) in modo da avere come una specie di crema molto morbida.

Gustatelo spalmato su crostini di pane abbrustoliti.

È ottimo anche su delle patate lesse e si può usare perfino per condire della pasta. Si conserva a lungo in vasetti tenuti in frigorifero.

Crostini col Vinsanto

PER 4 PERSONE

- Fegatini di pollo: g 200
- ½ cipolla
- 1 salsiccia
- Salvia
- Vinsanto secco
- Olio d'oliva
- Sale e pepe
- Pane casalingo toscano

Tritate finemente la cipolla e fatela rosolare in un tegame con 4 cucchiai d'olio, prima che prenda colore unite la salsiccia spellata e sbriciolata.

Fate cuocere piano e aggiungete i fegatini puliti e lavati; salate, pepate, profumate con poca salvia e fate cuocere piano per un quarto d'ora, bagnando con mezzo bicchiere di vinsanto, quando occorre.

Tritate non troppo fini i fegatini e la salsiccia sul tagliere con la mezzaluna e rimettete il tutto nel tegame.

Abbrustolite delle fettine di pane e tuffatele rapidamente nel vinsanto, da una sola parte. Spalmate la farcia di fegatini sulla parte asciutta del pane.

Crostini di Cavolo nero

PER 4 PERSONE

- 3 mazzetti piccoli di cavolo nero
- Pane casalingo toscano
- 1 spicchio d'aglio
- Olio extravergine d'oliva
- Sale e pepe nero in grani

Pulite e lavate i mazzetti di cavolo, quindi fateli cuocere in acqua bollente salata per circa 30 minuti; fateli intiepidire nell'acqua di cottura, quindi scolateli, strizzateli un po' e tritateli non troppo fini.

Tagliate 4 fette di pane, abbrustolitele, strofinatele leggermente d'aglio e bagnatele da una parte sola nel brodo di cottura che avrete messo in una scodella.

Ricoprite i crostini con il cavolo, pepate generosamente con pepe appena macinato e irrorate con ottimo olio extravergine.

Crostini di Coniglio

PER 4 PERSONE

- ½ coniglio piccolo
- Odori (cipolla, sedano, carota, prezzemolo)
- 1 bicchiere di latte
- 2 foglie di alloro
- Olio d'oliva
- Sale e pepe
- Pane casalingo toscano

Mettete in un tegame gli odori tritati fini e fateli rosolare con 6 cucchiai d'olio, prima che il battuto prenda colore, unite il coniglio fatto a pezzi.

Fatelo colorire e poi bagnate con il latte, salate, pepate e fate cuocere piano per circa mezz'ora.

Togliete i pezzi di coniglio, fateli intiepidire, disossateli con cura e poi tritate la polpa grossolanamente.

Rimettetela nel tegame, aromatizzate con l'alloro e fate cuocere piano per una decina di minuti. Spalmate questa farcia su fettine di pane abbrustolite.

Crostini di Cozze

PER 4 PERSONE

- 16 cozze belle grosse
- 1 spicchio d'aglio
- Prezzemolo
- Peperoncino
- Olio d'oliva
- Sale
- Pane da crostini

Pulite bene le cozze, eliminate il "baffo" tirandolo verso la parte più grossa, lavatele e mettetele un attimo in padella perché si aprano, quindi estraete i molluschi, conservando la loro acqua.

Metteteli in una zuppierina e unite un trito di aglio, prezzemolo e poco peperoncino, salate, aggiungete 6 cucchiai d'olio, 4 cucchiai del liquido che hanno fatto le cozze e girate bene.

Tagliate il pane in 8 fettine alte circa ½ cm, nel centro scavate una buchetta togliendo un po' di mollica. Su ogni crostino mettete 2 cozze e un po' della salsa.

Passate in forno caldo (180°C) per pochi minuti in modo da tostare leggermente il pane.

Crostini di Fegatini

PER 4 PERSONE

- Fegatini di pollo: g 250
- ½ cipolla
- 2 foglie di salvia
- Vino bianco o vinsanto secco
- 1 cucchiaio di capperi
- 2 filetti d'acciuga
- Poco brodo
- Olio d'oliva
- Sale e pepe
- Pane casalingo

Tritate finemente la cipolla e fatela imbiondire in 6 cucchiai d'olio, prima che prenda colore unite la salvia e i fegatini puliti, lavati e tagliati grossolanamente.

Cuocete piano, girando e bagnando ogni tanto con del vino bianco o del vinsanto secco.

Dopo circa un quarto d'ora, tritate i fegatini sul tagliere con la mezzaluna assieme ai capperi e alle acciughe (non usate il mixer tritatutto) e rimettete il tutto nella casseruola; infine aggiustate di sale e pepate.

Cuocete piano per altri 10 minuti e spegnete il fuoco.

Spalmate l'impasto abbondante, ancora tiepido, su fettine di pane abbrustolite e, volendo, bagnate velocemente, da una parte sola, nel brodo caldo (la farcia va sulla parte asciutta). Sono ottimi tiepidi, ma si possono gustare anche a temperatura ambiente.

Oggi si usa poco, ma l'aggiunta ai fegatini di circa 150 g di ***milza*** *di vitello (spellata) ci sta proprio bene. Con questa aggiunta prendono il nome di "****crostini neri****".*

Fettunta o bruschetta

PER 4 PERSONE

- 4 belle fette di pane casalingo toscano
- 1 spicchio d'aglio
- Olio extravergine d'oliva
- Sale e pepe in grani

Tagliate il pane a fette intere alte circa 1,5 cm (fate attenzione che le fette abbiano tutta la crosta intorno).

Mettetele su una gratella ad abbrustolire sulla brace ardente (in mancanza su una gratella da fuoco a gas o in una bistecchiera elettrica).

Giratele una sola volta in modo che alla fine la superficie sia ben cotta e croccante (ma non bruciata) mentre l'interno resti morbido.

Ancora calde, strofinatele leggermente con uno spicchio d'aglio da una sola parte (se non volete l'aglio omettete questa operazione), irroratele abbondantemente di ottimo olio (possibilmente nuovo, di prima spremitura, velato e fruttato), salatele e pepatele con pepe appena macinato; gustatele subito, ancora tiepide.

*Se volete fare una "**bruschetta al pomodoro**", strusciate le fette (dalla parte non agliata) con del pomodoro maturo, poi copritele con i pomodori maturi, pelati e fatti a pezzetti e con qualche fogliolina di basilico: su tutto un filo d'olio.*

Fiori fritti ripieni

PER 4 PERSONE

- 8 fiori di zucca
- Ricotta fresca: g 100
- Parmigiano grattato: g 50
- 4 filetti d'acciuga sott'olio
- 2 uova
- 1 spicchio d'aglio
- Prezzemolo
- Farina
- Sale e pepe
- Olio per friggere

Pulite bene i fiori eliminando le foglioline verdi e il pistillo interno.

Preparate il ripieno impastando l'aglio e il prezzemolo tritati con la ricotta, un rosso d'uovo, il parmigiano, sale e pepe.

Farcite i fiori con il composto e mezzo filetto d'acciuga e richiudeteli con attenzione.

Infarinateli, passateli nell'uovo sbattuto e salato e friggeteli in abbondante olio caldo.

Insalata di Caterina

PER 4 PERSONE

- Insalate di campo miste e radicchi (almeno 4 varietà)
- Pecorino toscano
- Filetti d'acciuga sott'olio o sotto sale
- Uova sode (1 uovo ogni 4 persone)
- Capperi
- Aceto
- Olio extravergine d'oliva
- Sale e pepe

Pulite e lavate le insalate miste, il radicchio e le erbe che avete scelto, asciugatele bene e mettetele in una zuppiera molto capace (tipica era quella di legno).

Unite del pecorino a dadini, dei filetti d'acciuga a pezzetti e un po' di capperi.

Salate, pepate leggermente e condite con l'aceto, rimestate bene quindi aggiungete non troppo olio. Servite subito guarnendo con spicchi d'uovo sodo.

*Questa gustosa insalata si chiama anche "**misticanza del pastore**" per via delle erbe che appunto il pastore trovava nei campi. Le erbe più usate sono: terracrepolo, salvastrella, ruchetta, radicchietto, lattughino, piscialletto, ecc.*

Insalata di Trippa

PER 4 PERSONE

- Trippa già lessata (croce e cuffia): g 300
- Prosciutto cotto in una sola fetta: circa g 80
- cucchiaio di sottaceti misti
- cucchiaio di olive snocciolate
- Senape dolce
- Olio d'oliva
- Sale e pepe

Tagliate la trippa a striscioline molto sottili e mettetele in una zuppiera.

Unite 3 cucchiai d'olio, un cucchiaino di senape, sale e pepe, quindi girate molto bene.

Aggiungete il prosciutto cotto a cubetti, i sottaceti tritati grossolanamente e le olive a fettine.

Girate ancora e fate riposare almeno un'ora prima di servirla.

Altri ingredienti che si possono usare per fare una gustosa insalata di trippa sono: fagioli cannellini lessi, cipolla rossa a fettine, sedano a pezzetti.

Panzanella

PER 6 PERSONE

- Pane casalingo raffermo: g 400
- 4 pomodori da insalata maturi
- 2 cipolle rosse (o 4 cipollotti freschi)
- 2 cetrioli (facoltativi)
- Basilico
- Aceto di vino rosso
- Olio extravergine d'oliva
- Sale

Tagliate il pane a fette spesse e mettetele a bagno in acqua fredda per circa un quarto d'ora.

Prendetele un po' per volta e strizzatele molto forte tra le mani, quindi, facendo un movimento come "sfregarsi le mani" riducetele in briciole che farete cadere in una capace zuppiera (le briciole di pane devono risultare asciutte).

Metteteci sopra i pomodori senza semi e tagliati a fette, le cipolle a fettine sottili e i cetrioli sbucciati e affettati (se non piacciono non li mettete).

Unite anche delle foglioline di basilico quindi condite con sale e un po' d'olio e rigirate il tutto con delicatezza.

Mettete in luogo fresco o in frigo e al momento di servirla condite con aceto e altro olio.

Consiglio di lasciare da parte un po' di verdure e di basilico per guarnire la superficie della panzanella al momento di servirla. Ora si usa fare la panzanella con il ***farro*** *lessato al posto del pane sbriciolato.*

Panzerotti o coccoli

PER 6 PERSONE

- Farina bianca: g 300
- Lievito di birra: g 30
- Burro o strutto: g 40
- 1 bicchiere di brodo o di latte
- Sale
- Olio per friggere

Sciogliete il lievito nel brodo tiepido o nel latte e versatelo al centro della farina che avrete disposto a fontana. Aggiungete il burro (o lo strutto o dell'olio), un pizzico di sale e impastate bene fino a ottenere un composto morbido tipo pasta di pane.

Fatene una palla e lasciatela riposare per un paio d'ore.

Prendete dei pezzetti di pasta con le mani e fatene delle palline di circa 2 cm di diametro (per fare i coccoli, chiamati anche sommommoli), o dei cilindretti di circa 5 cm (per fare i panzerotti) e friggeteli in abbondante olio bollente. Si servono caldissimi e cosparsi di sale.

Per facilitare la preparazione, al posto del lievito di birra, potete usare una bustina di lievito per gnocchi e pizza; per fare ancora prima acquistate della pasta di pane già pronta e uniteci l'olio o lo strutto o il burro.

Torta co' Becchi

PER 8 PERSONE

- Pasta frolla (farina g 250, zucchero g 25, burro g 100, 1 uovo)
- Riso (tipo Originario): g 150
- 3 uova
- 2 cucchiai di zucchero
- Parmigiano grattato: g 100
- Pecorino grattato: g 50
- Bietola già cotta: circa g 300
- 1 pugno di mollica di pane
- Uvetta: g 30
- Pinoli: g 50
- Cannella
- Sale e pepe

Preparate una specie di frolla lavorando velocemente gli ingredienti indicati con un paio di cucchiai di acqua fredda e un pizzico di sale; fatene una palla e lasciatela riposare in frigo avvolta in pellicola per un'oretta.

Lessate il riso in acqua bollente salata, scolatelo e mettetelo in una zuppiera.

Sbattete le uova con lo zucchero poi unite i formaggi, un po' di sale e di pepe, un profumo di cannella, l'uvetta ammollata e i pinoli. Mettete questo composto nel riso e uniteci anche le bietole tritate fini, la mollica di pane bagnata nel latte e girate bene, in modo da ottenere un impasto abbastanza morbido.

Foderate (compresi i bordi) con la pasta frolla una teglia rotonda (di circa 25 cm), imburrata e infarinata (o usate la carta forno), versate il composto e richiudete il bordo di frolla facendo i famosi "becchi", cioè dei pizzicotti di pasta. Mettete in forno caldo (180°C) per circa 40 minuti.

Ricetta tipica lucchese. Se non avete tempo di fare la frolla tenete presente che quella surgelata è troppo dolce, preferite semmai la pasta per torte salate (brisée) o al limite la pasta sfoglia (anche se non è la stessa cosa).

Torta di Bietola e ricotta

PER 8 PERSONE

- Pasta sfoglia per torte salate (farina g 250, 4 cucchiai di olio d'oliva, sale)
- Bietole in foglia dette "erbi": g 300
- Ricotta: g 150
- 2 uova
- Parmigiano: g 50
- Pecorino grattato: g 50
- Olio d'oliva
- Sale e pepe

Eliminate le costole bianche delle bietole e usate solo le foglie verdi, lavatele e tritatele finemente (da crude) sul tagliere.
In una terrina mescolatele con la ricotta, i formaggi, le uova e 6 cucchiai d'olio; salate, pepate e amalgamate bene.

Preparate la pasta sfoglia per torte salate mescolando gli ingredienti indicati con circa un bicchiere d'acqua fredda; lavorate bene e tirate due sfoglie una più grande dell'altra.

Ungete una teglia tonda di circa 25 cm (o usate la carta forno), metteteci la sfoglia più grande e riempitela con l'impasto d'erbe (deve risultare alto circa 1,5 cm), ricoprite con l'altra sfoglia e saldatela alla prima.

Ungete la superficie con dell'olio, foratela con una forchetta e passate in forno caldo (200°C) per circa 40 minuti.

Potete anche usare la pasta sfoglia o la brisée per torte salate che si trovano già pronte.
La tradizione vorrebbe l'uso di ***erbe di campo selvatiche*** *(borragine, pimpinella, cicoria, orecchia d'asino, ecc.), ma oltre che a essere difficili da trovare, risultano anche un po' amare.*
Se avete delle bietole già cotte, non vi preoccupate, vanno bene ugualmente.

Torta d'Erbi della Lunigiana

PER 8 PERSONE

- Polpa di zucca: g 250
- Porri: g 250
- Bietole: g 250
- Parmigiano grattato: g 80
- 2 uova
- Olio d'oliva
- Sale e pepe
- Pasta sfoglia per torte salate: circa g 300

Bollite la zucca in acqua salata e cuocete le bietole con la sola acqua che resta sulle foglie dopo che le avrete lavate, scolate e tritate il tutto.

Tagliate i porri a rotelle e fateli rosolare in padella con 4 cucchiai d'olio.

Metteteli in una terrina e amalgamateci le altre verdure tritate, quindi unite le uova, il formaggio, il sale e il pepe.

Tirate la sfoglia per torte salate sottile, mettetela sul fondo di una teglia di circa 25 cm, versateci l'impasto di verdure e ricoprite con un altro disco di sfoglia.

Forellate la superficie con una forchetta e cuocete in forno caldo (180°C) per circa 40 minuti.

Si chiama "d'erbi" ma questa torta viene fatta anche con molte altre verdure; ad esempio, si possono aggiungere anche un paio di patate lessate e tagliate a pezzi.

…i riso "Putta"

Lessate il riso in acqua bollente salata alla quale avrete aggiunto il latte, scolatelo e mettetelo in una zuppiera.

Sbattete le uova con i 2 formaggi, un po' di sale, cannella, noce moscata e abbondante pepe macinato (circa 1 cucchiaio).

Unite al riso le uova e girate bene, tenendo conto che l'impasto deve essere abbastanza morbido.

Mettetelo in una teglia imburrata e infarinata (o cosparsa di pangrattato o con la carta forno) e cuocetelo in forno caldo (180°C) per circa 40 minuti.

*Questa torta è tipica di Pietrasanta; nella vicina Camaiore si prepara una torta simile detta "***Torta pepata***", in cui si aggiungono circa 200 g di bietola già cotta e tritata e un cucchiaio di prezzemolo tritato.*
Entrambe le versioni possono essere fatte anche con una base di pasta uguale a quella illustrata per la Torta co' becchi lucchese.

Primi piatti

Acquacotta maremmana

PER 6 PERSONE

- 3 belle cipolle rosse
- 2 spicchi d'aglio
- Peperoncino
- 2 carote e 2 gambi di sedano
- Bietoline in foglia: g 300
- Pomodori pelati: g 400
- 6 uova
- Olio d'oliva
- Sale e pepe in grani
- Pane casalingo raffermo: circa g 300
- Pecorino stagionato grattato

In una capace padella dai bordi alti, fate rosolare, in mezzo bicchiere d'olio, le cipolle tagliate a fettine, gli agli interi e una puntina di peperoncino.

Appena le cipolle appassiscono, unite le bietole lavate e tagliate a striscioline e gli odori fatti a pezzetti. Fate cuocere alcuni minuti, a secco, quindi unite i pomodori e un litro e mezzo d'acqua (o di brodo leggero di dado vegetale). Salate e fate cuocere per circa 45 minuti.

Passato questo tempo rompete le uova e mettetele direttamente nella padella aiutandovi con un ramaiolo o un grosso cucchiaio, facendo attenzione a non romperle. Fatele cuocere 4 minuti in modo da ottenere come delle "uova in camicia".

Nelle scodelle mettete le fette di pane tagliate fini (alcuni le abbrustoliscono e le strofinano con l'aglio, ma la tradizione non lo prevede), cospargetele di pecorino e versateci sopra l'acquacotta bollente (deve essere piuttosto brodosa), con un uovo a testa (facendo attenzione a non romperle).

Lasciate riposare qualche minuto prima di gustare l'acquacotta con del pepe appena macinato e altro formaggio.

Armelette o lasagne bastarde

PER 4 PERSONE

- Farina bianca: g 250
- Farina di castagne: g 150
- 2 uova
- Ricotta: g 150
- Sale e pepe in grani
- Parmigiano e pecorino grattati

Setacciate e mescolate bene le due farine, mettete al centro le uova, un pizzico di sale e impastate aggiungendo un po' d'acqua fredda. Lasciate riposare l'impasto per un'oretta in frigo avvolto nella pellicola.

Tirate una sfoglia sottile e tagliatela a quadrati o losanghe di circa 8 cm di lato (ma sono ottime anche le tagliatelle o le pappardelle).

Cuocetele per pochi minuti in abbondante acqua salata bollente, scolatele con il mestolo forato e mettetele in una zuppiera ben calda nella quale avrete messo la ricotta ben amalgamata con 2 cucchiai di acqua di cottura della pasta, 2 cucchiai di parmigiano e 2 di pecorino.

Servitele cosparse con altro formaggio e del pepe nero appena macinato.

Si possono condire anche con un classico ***pesto alla genovese*** *o semplicemente con ottimo olio e formaggio grattato (pecorino o parmigiano). Altro condimento tradizionale è una salsa fatta con* ***porri tagliati a fettine fini, lardo e pomodori pelati****.*

Bavette al "Ragno"

PER 4 PERSONE

- Bavette o linguine: g 350
- Branzino o spigola o "ragno": circa g 500
- Pomodori pelati: g 300 (facoltativi)
- 2 spicchi d'aglio
- Prezzemolo
- Peperoncino
- 1 bicchiere di vino bianco
- Olio d'oliva
- Sale

In una padella molto capace fate rosolare, in 5 cucchiai d'olio, un trito fine di aglio, prezzemolo e peperoncino.

Prima che l'aglio colorisca unite il pesce squamato, sventrato e lavato. Salate e bagnate con il vino.

Quando sarà ritirato unite i pomodori pelati (se volete il piatto in bianco non li mettete), cuocete per 10 minuti, poi togliete il pesce e diliscatelo accuratamente.

Tritate grossolanamente la polpa e rimettetela nella padella, cospargete con altro prezzemolo fresco e saltateci le bavette cotte al dente.

Bavette alle Triglie

PER 4 PERSONE

- Bavette o linguine: g 350
- Triglie di scoglio: circa g 500
- 2 spicchi d'aglio
- Prezzemolo
- Peperoncino
- ½ bicchiere di vino bianco
- Olio d'oliva
- Sale

Squamate ma non sventrate le triglie, lavatele e asciugatele.

In una padella fate rosolare in 5 cucchiai d'olio un trito fine di aglio, prezzemolo e peperoncino.

Prima che l'aglio prenda colore unite le triglie, salate e fate rosolare per alcuni minuti, poi bagnate con il vino.

Quando sarà ritirato togliete le triglie dalla padella ed eliminate con grande cura teste, code e tutte le lische.

Rimettete quindi la polpa nella padella, tenete sul fuoco un attimo aggiungendo del prezzemolo tritato.

Cuocete al dente le bavette e saltatele in padella con la gustosa salsa di triglie.

Bordatino livornese

PER 6 PERSONE

- Farina gialla: g 200
- Fagioli rossi borlotti secchi: g 200
- 1 mazzetto di cavolo nero
- Pancetta: g 50
- Odori (cipolla, carota, sedano, prezzemolo)
- 1 spicchio d'aglio
- 1 cucchiaio di conserva
- Olio d'oliva
- Sale e pepe

Cuocete i fagioli in abbondante acqua salata (circa due litri), quindi passateli e versate la crema ottenuta nell'acqua di cottura.

In un'altra pentola rosolate, in 6 cucchiai d'olio, un trito di pancetta, cipolla, carota, sedano, prezzemolo e aglio. Quando la cipolla inizia ad appassire unite il cavolo nero tagliuzzato e la conserva sciolta in poco brodo di fagioli.

Salate, pepate e fate cuocere per un quarto d'ora; versate quindi tutto il brodo dei fagioli nella pentola e appena spicca il bollore unite, a pioggia, la farina gialla.

Cuocete per circa mezz'ora, sempre rimestando. Il bordatino dovrà alla fine essere piuttosto liquido.

Cacciucco alla livornese

PER 8 PERSONE

- Pesci con lisca (scorfano, gallinella, tràcina): g 800
- Palombetto: g 400
- Polpo di scoglio: g 400
- Seppie: g 400
- Cicale (o canocchie): g 500
- Pomodori pelati: g 800
- 1 cipolla e 3 spicchi d'aglio
- Prezzemolo
- Salvia
- Peperoncino
- 1 bicchiere di vino rosso
- Olio d'oliva
- Sale e pepe
- 6 fette di pane casalingo

Pulite bene tutti i pesci che avrete scelto di taglia piuttosto piccola; squamateli, sventrateli ed eliminate le pinne. Il palombetto spellatelo e tagliatelo a tronchetti di circa 6 cm; pulite bene anche i molluschi e tagliateli a pezzi.

Fate un trito fine di aglio, cipolla, prezzemolo e peperoncino e fatelo rosolare con la salvia in mezzo bicchiere d'olio. Appena la cipolla inizia a imbiondire bagnate con il vino e quando sarà ritirato mettete nella pentola i polpi e le seppie.

Dopo pochi minuti aggiungete i pomodori, salate, pepate e continuate a cuocere per circa 40 minuti.

Unite infine gli altri pesci e le cicale, quindi proseguite la cottura per una ventina di minuti. Se necessario aggiungete acqua calda o brodo di pesce (o anche di dado).

Servite il cacciucco piuttosto liquido su fette di pane abbrustolito e leggermente agliate, messe sul fondo di una zuppiera.

Carabaccia di cipolle

PER 4 PERSONE

- Cipolle rosse: Kg 1
- Brodo vegetale (anche di dado): 1,5 litri
- Olio d'oliva
- Sale e pepe
- 4 fette di pane casalingo
- Parmigiano o pecorino grattato

Pulite e tagliate le cipolle a fettine sottili e mettetele a rosolare con 5 cucchiai d'olio, unite mezzo bicchiere d'acqua e cuocete lentamente, a pentola coperta, per circa mezz'ora.

Salate, pepate e versate il brodo, fate sobbollire, a pentola scoperta, per un'altra mezz'ora.

Mettete nelle scodelle le fette di pane abbrustolite e versateci sopra la carabaccia.

Cospargete con abbondante formaggio e aspettate qualche minuto prima di gustarla.

Una moderna innovazione prevede l'aggiunta di un ***uovo in camicia*** *a testa, cotto direttamente nel brodo di cipolle.*

Crespelle alla fiorentina

PER 4 PERSONE

- Spinaci cotti: g 300
- Ricotta: g 200
- Farina: g 100
- Burro: g 80
- 3 uova
- 1 bicchiere di latte
- ½ litro di besciamella
- Poca salsa di pomodoro
- Parmigiano grattato
- Noce moscata
- Sale e pepe

In una zuppiera mescolate bene gli spinaci cotti e tritati, la ricotta, 1 uovo, 2 cucchiai di parmigiano, sale, pepe e poca noce moscata.

Preparate la pastella per le crespelle mescolando 2 uova, il latte, 50 grammi di burro fuso, la farina e un po' di sale. Dovete ottenere una pastella molto liscia.

Imburrate una padellina antiaderente e metteteci poca pastella, cuocete la crespella da entrambe le parti; proseguite fino a terminare l'impasto.

Riempite le frittatine con l'impasto e arrotolatele come fossero dei cannoli, mettetele quindi allineate in una pirofila unta di burro e ricopritele con la besciamella.

Cospargete con del parmigiano e macchiate la superficie con un po' di salsa di pomodoro. Passate in forno caldo (180°C) a gratinare per circa 15 minuti.

Farinata della Garfagnana o "Intruglia"

PER 6 PERSONE

- Farina gialla g 300
- 2 litri di brodo
- Fagioli rossi "scritti" secchi: g 200
- Odori (cipolla, sedano, carota, salvia)
- Lardo: g 50
- 2 cavoli neri piccoli
- 2 patate
- 1 cucchiaio di conserva
- Olio d'oliva
- Sale e pepe

Cuocete i fagioli (messi a mollo la sera prima) nel brodo; passatene circa i tre quarti e rimettete la purea ottenuta nel brodo; tenete da parte i restanti fagioli.

In un tegame fate rosolare, con mezzo bicchiere d'olio, un po' di lardo tritato e un battuto di tutti gli odori.

Quando la cipolla appassisce unite la conserva sciolta in una tazza di brodo (in mancanza usate pure 2 etti di pelati). Salate, pepate e fate cuocere per un quarto d'ora.

Versate questa salsa nella pentola col brodo di fagioli e mettete sul fuoco; appena bolle aggiungete le patate a fette e il cavolo a listerelle.

Cuocete una ventina di minuti poi unite a pioggia la farina gialla, sempre rimestando cuocete circa mezz'ora; in ultimo aggiungete i fagioli rimasti.

La farinata dovrà risultare piuttosto morbida, servitela tiepida con un filo di ottimo olio e una macinata di pepe.

Garmugia lucchese

PER 4 PERSONE

- 3 cipolline novelle
- Pancetta: g 50
- Polpa di vitella macinata: g 100
- 2 carciofi medi
- Piselli sgranati: g 80
- Fave sgusciate (baccelli): g 80
- Punte di asparagi: g 60
- 1 litro di brodo (anche di dado vegetale)
- 2 fette di pane casalingo
- Olio d'oliva
- Sale e pepe
- Parmigiano grattato (facoltativo)

In un tegame fate rosolare, in 5 cucchiai d'olio, le cipolline tagliate a fettine e la pancetta tritata fine.

Appena le cipolline appassiscono unite la carne macinata e dopo alcuni minuti aggiungete tutte le verdure (i carciofi puliteli e tagliateli a piccoli spicchi).

Salate, pepate e fate insaporire per qualche minuto a tegame coperto, quindi versate il brodo; fate bollire lentamente per circa 30 minuti, fino a completa cottura delle verdure.

Servite questa gustosa minestra primaverile ben calda con crostini di pane tostati e tagliato a dadini e, volendo, con del parmigiano grattato.

Gnudi

PER 4 PERSONE

- Spinaci: g 500
- Ricotta di pecora: g 300
- Farina bianca: circa g 150
- 2 uova
- Burro
- Salvia
- Noce moscata
- Sale e pepe
- Pecorino o parmigiano grattato

Lavate e lessate gli spinaci con la sola acqua che resta sulle foglie, strizzateli e tritateli fini sul tagliere.

In una zuppiera, mescolateli bene con la ricotta, aggiungete le uova, 2 cucchiai di farina, 2 cucchiai di formaggio, sale, pepe e un profumo di noce moscata.

Lavorate bene e poi, aiutandovi con della farina, fatene degli gnocchetti grossi quanto i "topini" o gnocchi di patate.

Cuoceteli in abbondante acqua salata e scolateli con il mestolo forato appena arrivano a galla.

Conditeli con burro fuso e salvia (ma sono buoni anche con una salsa di pomodoro o anche in brodo) e serviteli cosparsi con il formaggio.

Maccheroni con l'Ocio

PER 6 PERSONE

- Pasta fresca tagliata a quadrati di circa 8 cm: g 600
- ½ ocio (oca bianca) pulito (con il suo fegato)
- Odori (cipolla, carota, sedano)
- Pancetta: g 100
- Pomodori pelati: g 400
- Brodo di carne
- Noce moscata
- Olio d'oliva
- Sale e pepe
- Pangrattato
- Parmigiano grattato

Tagliate l'oca a pezzi e mettetela in un tegame insieme agli odori tritati, la pancetta a cubetti e un paio di cucchiai d'olio, salate, pepate, profumate con noce moscata e fate rosolare a fuoco vivace per una decina di minuti.

Unite i pomodori e proseguite nella cottura bagnando ogni tanto con del brodo; dopo circa un'ora aggiungete anche il fegato dell'oca tritato e tenete sul fuoco altri 10 minuti.

Togliete i pezzi d'oca, eliminate il grasso in eccesso, e con il sugo condite i maccheroni in una teglia facendo degli strati con il sugo e con il parmigiano.

Terminate con sugo, parmigiano mescolato a poco pangrattato e passate in forno caldo per 5 minuti prima di servire.

L'oca (chiamata in dialetto "ocio") viene servita come secondo. Questo era il classico pranzo contadino in occasione della battitura del grano.

Matuffi o Pallette

PER 4 PERSONE

- Farina gialla: g 400
- Sugo di carne toscano (v. penne strascicate)
- Parmigiano grattato
- Sale

Mettete sul fuoco un litro e mezzo d'acqua, salate e appena bolle versate, sempre rimestando, la farina a pioggia. Cuocete, girando sempre, per circa mezz'ora. La polenta, quando è pronta, deve "soffiare".

Aiutandovi con un cucchiaio, ogni volta immerso in acqua fredda, fatene delle pallette che disporrete, una accanto all'altra, su di un vassoio sul quale avrete precedentemente messo qualche cucchiaiata di sugo.

Cospargete gli gnocchi con abbondante sugo e parmigiano, poi fate un altro strato di gnocchi e terminate con sugo e parmigiano. Servite dopo qualche minuto.

Gustoso primo piatto lucchese e pisano. In Garfagnana si usa il ***sugo di funghi porcini****.*

Minestra di Fagioli con l'occhio

PER 4 PERSONE

- Fagioli con l'occhio secchi: g 200
- Riso (Originario o Vialone): g 150
- 1 mazzetto di cavolo nero
- Odori (cipolla, carota, sedano)
- 1 spicchio d'aglio
- Salvia
- Olio d'oliva
- Sale e pepe in grani
- Parmigiano grattato (facoltativo)

Lessate i fagioli, lasciati a mollo per una notte, in circa un litro e mezzo d'acqua fredda salata, alla quale avrete aggiunto l'aglio e un po' di salvia.

Quando saranno ben cotti passatene circa la metà al passatutto e rimettete la farinata ottenuta dentro il brodo di cottura.

In un'altra pentola rosolate, in 5 cucchiai d'olio, tutti gli odori tritati e il cavolo pulito e tagliato a listerelle.

Dopo una decina di minuti versate tutto il brodo con i fagioli, fate bollire e aggiungete il riso, salate, pepate, aggiustate la quantità d'acqua e portate a cottura il riso.

Servite la minestra calda con un filo di ottimo olio e del pepe appena macinato.
Il parmigiano grattato è facoltativo.

Minestra di Farro

PER 4 PERSONE

- Farro: g 150
- Fagioli rossi "scritti" secchi: g 200
- Odori (cipolla, carota, sedano)
- 1 cucchiaio di conserva
- Olio d'oliva
- Sale e pepe in grani

Lessate i fagioli (messi a mollo almeno 12 ore prima) in circa un litro e mezzo d'acqua fredda salata.

Quando saranno ben cotti passatene circa la metà e rimettete la purea ottenuta dentro il brodo di cottura.

In un'altra pentola rosolate, in 5 cucchiai d'olio, gli odori tritati, dopo qualche minuto unite la conserva sciolta in poca acqua e poi, dopo una decina di minuti, versate tutto il brodo con i fagioli.

Aggiustate di sale, pepate e unite il farro (non va messo a mollo). Se necessario aggiungete acqua bollente e fate cuocere per circa un'ora.

Prima di gustarla aspettate un po' dopo che avrete spento il fuoco. Servitela tiepida o calda, senza formaggio, e con un filo di ottimo olio e una macinata di pepe.

Minestra di Peperoni e ceci

PER 6 PERSONE

- Ceci già cotti: g 200
- 1 cipolla
- 1 spicchio d'aglio
- Timo o pepolino
- 2 peperoni
- 1 patata grossa
- Pomodori pelati: g 400
- Olio d'oliva
- Sale e pepe
- Pane casalingo raffermo (facoltativo)

In un tegame fate rosolare, in 5 cucchiai d'olio, la cipolla tritata fine con l'aglio e un po' di timo. Prima che la cipolla prenda colore unite i peperoni puliti e fatti a listerelle e la patata a dadini.

Salate, pepate e aggiungete anche i pomodori pelati, fate cuocere piano finché la patata non sia cotta (circa 15 minuti); bagnate di tanto in tanto con un po' di acqua o di brodo.

Alla fine unite anche i ceci con un po' del loro liquido di cottura e tenete ancora sul fuoco per altri 10 minuti.

Servite la minestra liquida, ben calda, volendo su fette di pane abbrustolite.

Minestra di Riso e lampredotto

PER 4 PERSONE

- Riso da minestre (Originario o Vialone nano): g 100
- Lampredotto (parte scura della trippa) pulito e lessato: g 300
- Odori (cipolla, carota, sedano)
- Bietola: g 300
- 1 litro e mezzo di brodo
- 1 cucchiaino di conserva
- Olio d'oliva
- Sale e pepe in grani
- Parmigiano grattato

Fate rosolare gli odori tritati fini in 4 cucchiai d'olio, quando la cipolla appassisce unite il lampredotto (già cotto) tagliato a listerelle sottili.

Salate, pepate e aggiungete la conserva sciolta in poca acqua; dopo pochi minuti versate il brodo.

Quando spicca il bollore unite la bietola a listerelle e buttate il riso, portatelo quindi a cottura a pentola scoperta.

Servite la minestra con il formaggio e del pepe appena macinato, dopo che l'avrete fatta riposare qualche minuto.

Minestrone toscano

PER 8 PERSONE

- Riso o pastina corta tipo avemarie o paternostri: g 250
- Fagioli bianchi o borlotti secchi: g 200
- Odori (cipolla, carota, sedano)
- Bietola: g 300
- 1 cavolo nero piccolo (facoltativo)
- ¼ di cavolo verzotto
- 1 pezzo di zucca, 2 porri, 2 patate, 2 zucchini
- 1 cipolla rossa
- 1 cucchiaio di conserva
- Olio d'oliva
- Sale e pepe
- Pecorino o parmigiano grattati

Lessate i fagioli in un litro e mezzo di acqua fredda salata (se usate fagioli freschi da sgranare ce ne vorranno circa 500 g).

Pulite tutte le altre verdure tagliandole a listerelle (cavoli e bietola), a fettine (porri, cipolla e zucchini) e a tocchi (patate e zucca).

In una pentola fate rosolare, in mezzo bicchiere d'olio, il trito degli odori e quando appassiscono unite il concentrato diluito in poca acqua e poi aggiungete tutte le verdure.

Fate stufare alcuni minuti, poi versate il brodo di cottura dei fagioli, salate e fate cuocere a pentola scoperta per circa un'ora, aggiungendo acqua o brodo se dovesse occorrere.

Aggiungete i fagioli e buttate il riso o la pasta, aggiustate il liquido con dell'acqua e portate a cottura.

Il minestrone si serve, dopo averlo fatto riposare qualche minuto, con formaggio, un filo d'olio e del pepe appena macinato. In estate si può gustare anche tiepido o freddo.

Pancotto

PER 4 PERSONE

- Pane raffermo: circa g 250
- 4 spicchi d'aglio
- Salvia
- 1 litro di brodo vegetale (anche di dado)
- Olio d'oliva
- Sale
- Parmigiano grattato

In una pentola fate bollire il brodo con gli agli sbucciati interi e un rametto di salvia.

Unite il pane (va benissimo qualunque pane, anche il tipo bianco) tagliato a fettine sottili e cuocete piano, girando spesso, per circa 15 minuti.

Verso la fine, aggiustate di sale, incorporate 4 cucchiai d'olio e un paio di cucchiai colmi di parmigiano.

Servitelo caldo (mai bollente) con un filo d'olio a crudo e altro formaggio.

Pappa al pomodoro

PER 4 PERSONE

- Pane casalingo raffermo: circa g 250
- Pomodori pelati: g 400
- 3 spicchi d'aglio o un porro
- Salvia (o basilico)
- 1 litro di brodo vegetale (anche di dado)
- Olio d'oliva
- Sale e pepe

In una pentola rosolate, in 6 cucchiai d'olio, gli agli sbucciati interi (o il porro tritato) e un paio di foglie di salvia.

Appena l'aglio accenna a prendere colore, unite i pomodori pelati, pepate e fate cuocere per circa 20 minuti (unite del basilico se non avete usato la salvia).

Versate il brodo ben caldo, fate bollire 10 minuti e unite il pane tagliato a fettine sottili, fate cuocere altri 5 minuti, girando spesso, aggiustate di sale, poi spegnete il fuoco (la pappa deve essere abbastanza liquida, quindi aggiustate con pane o acqua a seconda di come vi è venuta).

Ogni tanto girate ancora e dopo un'oretta frustate con l'apposita frusta da cucina, per sfare completamente il pane, poi, se volete, potete riscaldarla un attimo.

Servitela calda (mai bollente) o tiepida con un filo d'olio a crudo e, se piace, con del pepe appena macinato. Non usate assolutamente il formaggio.

Pappardelle sul Cinghiale

PER 6 PERSONE

- Pappardelle all'uovo fresche (larghe circa 3 cm): g 500
- Polpa di cinghiale giovane: circa g 500
- Odori (cipolla, carota, sedano, aglio)
- Alloro (o rosmarino)
- ½ litro di vino rosso
- ½ bicchiere di aceto di vino rosso
- Pancetta: g 50
- Pomodori pelati: g 400
- 1 cucchiaio di conserva
- Poco brodo
- Olio d'oliva
- Sale e pepe
- Parmigiano o pecorino grattati (facoltativi)

Preparate una marinata con il vino, l'aceto, un po' di sale, qualche foglia di alloro e tutti gli odori tagliati a fettine fini, quindi metteteci in infusione la polpa di cinghiale tagliata a tocchetti piccoli, tipo spezzatino; lasciateli a marinare, per una notte, in frigo.

In una casseruola fate rosolare a fuoco vivo la polpa di cinghiale scolata dalla marinata, fategli fare l'acqua ed eliminatela.

Nella stessa casseruola fate rosolare tutti gli odori della marinata (scolati) e la pancetta tagliata a cubetti con mezzo bicchiere d'olio, appena appassiscono, unite il cinghiale e cuocete per qualche minuto, poi bagnate con un bicchiere di vino della marinata.

Quando sarà ritirato, pepate, aggiustate di sale e aggiungete i pomodori e la conserva. Cuocete a fuoco lento per circa 2 ore aggiungendo brodo, man mano che occorre.

Con questo sugo condite con generosità le pappardelle cotte al dente e servitele a piacere con o senza formaggio (pecorino o parmigiano).

Pappardelle sul Coniglio

PER 4 PERSONE

- Pappardelle all'uovo fresche: g 400
- ½ coniglio piccolo con il suo fegatino
- Pomodori pelati: g 400
- Odori (cipolla, carota, sedano, aglio)
- Rosmarino
- ½ bicchiere di vino bianco
- Olio d'oliva
- Sale e pepe
- Parmigiano grattato

In una casseruola fate rosolare, in 5 cucchiai d'olio, il trito di tutti gli odori con il rosmarino, appena il battuto appassisce unite il coniglio tagliato a pezzi.

Fate colorire, poi bagnate con il vino, salate, pepate e quando il vino si sarà ritirato, togliete il coniglio, fatelo intiepidire e disossatelo con cura.

Tritate sul tagliere, con la lunetta, la polpa e il fegatino non troppo fini, rimettete il tutto nel tegame e aggiungete i pomodori. Cuocete a tegame coperto per circa mezz'ora.

Con questo sugo condite le pappardelle cotte al dente e servitele con il formaggio.

Pappardelle sulla Lepre

PER 6 PERSONE

- Pappardelle all'uovo fresche (larghe circa 3 cm): g 500
- Pezzo di lepre giovane (con testa, fegato, cuore, polmone): circa g 800
- Pancetta: g 50
- Odori (cipolla, carota, sedano, aglio)
- Rosmarino e alloro
- 1 bicchiere di vino rosso
- Poco brodo
- Olio d'oliva
- Sale e pepe
- Parmigiano o pecorino grattati (facoltativi)

In una casseruola fate rosolare, in 6 cucchiai d'olio, il trito di odori, la pancetta tritata e qualche foglia di alloro e rosmarino.

Quando gli odori appassiscono unite la lepre tagliata a pezzi, il fegato, la coratella e la testa. Cuocete per 10 minuti poi bagnate con il vino, salate, pepate e fate evaporare a fuoco lento.

Se la lepre ha anche il suo sangue scioglietelo in una tazza di brodo caldo e versatelo nel tegame, altrimenti aggiungete solo un po' di brodo e cuocete per mezz'ora.

Togliete i pezzi di lepre e disossateli bene, tritate grossolanamente la polpa, il fegato, il cuore e il polmone, lasciando qualche pezzetto di polpa più grosso.

Rimettete il tutto nella casseruola e cuocete ancora per mezz'ora, quindi eliminate la testa.

Con questo sugo condite con generosità le pappardelle cotte al dente e servitele a piacere con o senza formaggio (pecorino o parmigiano).

Pasta Stortellata o "intordellata"

PER 4 PERSONE

- Pappardelle fresche o secche (non all'uovo): g 400
- Bietola: g 400
- Ricotta: g 150
- Poco burro
- Sale
- Parmigiano grattato
- Sugo di carne toscano (v. penne strascicate)

Lessate le bietoline solo con l'acqua che rimane sulle foglie dopo averle lavate, strizzatele e tritatele grossolanamente.

Fatele saltare in padella con un cucchiaio di burro e un po' di sale, mettetele in una zuppiera e amalgamateci bene la ricotta.

Lessate la pasta al dente, scolatela umida e mettetela in una zuppiera ben calda a strati: sugo di carne sul fondo, poi pasta, bietole e ricotta, sugo, parmigiano, pasta e così via, terminando con sugo e parmigiano. Attendete qualche minuto prima di servire.

Questo piatto può essere preparato più semplicemente mescolando al normale sugo di carne la ricotta e le bietole tritate.

Pasta e fagioli

PER 4 PERSONE

- Pasta corta rigata o taglierini: g 200
- Fagioli secchi (bianchi o borlotti): g 200
- 1 cucchiaio di conserva
- 2 spicchi d'aglio
- Salvia
- Rosmarino
- Peperoncino
- Olio d'oliva
- Sale e pepe in grani

Lessate i fagioli, precedentemente ammollati per una notte, in un litro e mezzo di acqua fredda salata, alla quale avrete aggiunto uno spicchio d'aglio, un po' di salvia e due cucchiai d'olio. Quando saranno ben cotti passateli al passatutto e rimettete la crema ottenuta nell'acqua di cottura.

In un'altra pentola rosolate, in 5 cucchiai d'olio, uno spicchio d'aglio intero, un po' di rosmarino e una puntina di peperoncino.

Appena l'aglio prende colore unite il concentrato diluito in poca acqua, fate cuocere alcuni minuti e poi versate tutto il brodo di fagioli.

Cuocete 10 minuti, eliminate agli e aromi, aggiustate di sale e unite la pasta (aggiungete acqua bollente se dovesse occorrere).

Portate a cottura e servite la minestra calda o tiepida, meglio senza formaggio ma con un filo di ottimo olio e una macinata di pepe.

Al posto della pasta si può usare 150 g di ***riso da minestre****.*

Penne Strascicate

PER 4 PERSONE

- Penne rigate: g 350
- Carne magra di vitellone a fettine: circa g 350
- Odori (cipolla, carota, sedano)
- Pomodori pelati: g 400
- Olio d'oliva
- Sale e pepe
- Parmigiano grattato

Per prima cosa preparate il classico **sugo di carne toscano**: fate un battuto fine con gli odori e metteteli a rosolare in un tegame con 6 cucchiai d'olio.

Appena appassisce unite le braciole di carne, fatele rosolare per circa 10 minuti da entrambe le parti, toglietele dal tegame e tritatele fini sul tagliere con la mezzaluna.

Rimettete la carne nel tegame, quindi aggiungete i pomodori pelati, salate, pepate e proseguite la cottura con il coperchio, mescolando spesso, per circa 40 minuti.

Cuocete le penne molto al dente, scolatele e mettetele in una capace padella, unite abbondante sugo e un paio di cucchiai di parmigiano.

Saltatele per un paio di minuti, girando continuamente e mettendo ancora sugo, se necessario, e un po' d'acqua calda. Servitele ben calde cosparse con altro parmigiano.

Pici all'Aglione

PER 6 PERSONE

- Farina bianca tipo 0: g 500
- 6 spicchi d'aglio
- Pomodori "pelati": g 300
- Olio d'oliva
- Sale e pepe in grani
- Pecorino stagionato

Impastate la farina con acqua a temperatura ambiente e poco sale, lavoratela in modo da farne un impasto piuttosto consistente (più duro della pasta per il pane).

Con il matterello tiratela spessa circa ½ cm e poi tagliatela a listerelle larghe 1 cm.

Lavorate le strisce di pasta strusciandola tra le mani (si dice "appiciare") in modo da farne dei grossi spaghetti lunghi circa 20 cm e con diametro molto variabile sui 3-5 mm.

Mettete in una capace padella gli agli sbucciati e pestati, sale, pepe e 6 cucchiai di ottimo olio, scaldate il tutto per un attimo, quindi unite i pomodori e fate cuocere per circa 20 minuti.

Lessate i pici in abbondante acqua salata e poi, quando sono cotti, metteteli a insaporire nella padella e serviteli cosparsi con abbondante pecorino grattato e altro pepe appena macinato.

I pici (o pinci) si trovano in commercio già pronti (quelli secchi non sono però consigliabili) e si possono condire con un semplice sugo di carne alla toscana, un sugo sull'anatra o con un tipico sugo fatto con ***cipolle, pancetta e pomodoro****.*

Pomodori ripieni di Riso

PER 6 PERSONE

- 6 pomodori maturi e sodi di circa g 150 l'uno
- 6 cucchiai di riso (per minestre)
- Basilico
- Prezzemolo
- Origano
- Olio d'oliva
- Sale e pepe

Togliete un coperchietto ai pomodori dalla parte del gambo (conservate questi coperchietti) e vuotateli bene con un cucchiaino (meglio con uno scavino svuota verdure).

Passate questa polpa di pomodoro al passatutto (vi consiglio di aggiungere uno o due pomodori molto maturi) e mettetela in una terrina.

Unite il riso precedentemente scottato per 5 minuti, il basilico e il prezzemolo tritati, un po' di origano, 5 cucchiai d'olio, sale e pepe.

Rimestate bene e riempite con il riso i pomodori svuotati, poi unite il liquido fino a riempirli e copriteli con il coperchietto di pomodoro.

Metteteli in una teglia e versateci dentro il liquido che vi sarà rimasto nella terrina e 4 cucchiai d'olio, salate ancora e cuocete in forno medio (180°C) per circa 30 minuti. Alla fine dovranno risultare asciutti e un po' gratinati.

Si possono servire sia caldi che freddi.

Ravioli di Ricotta e spinaci

PER 6 PERSONE

- Farina bianca tipo 0: g 500
- 6 uova
- Spinaci: g 600
- Ricotta di pecora: g 300
- Noce moscata
- Sale e pepe
- Parmigiano grattato
- Burro

Fate una normale pasta sfoglia con la farina, 4 uova, sale e un po' d'acqua.

Lessate gli spinaci con la sola acqua che rimane sulle foglie dopo che li avete lavati, quindi strizzateli e tritateli finemente.

In una zuppiera impastateli con la ricotta, 4 cucchiai di parmigiano, 2 uova, sale, pepe e un profumo di noce moscata.

Tirate la sfoglia sottile e su di un lato mettete dei cucchiaini di ripieno, in fila, ogni circa 6 cm. Piegate il lembo della sfoglia libera in modo da coprire i mucchietti perfettamente.

Premete con le dita intorno al ripieno e ritagliateli con uno stampino o un bicchiere, quindi sigillate tutto intorno con una forchetta (avranno una forma a mezzaluna).

Cuoceteli in abbondante acqua salata, scolateli con il mestolo forato e conditeli, a strati, in una zuppiera ben riscaldata, con burro fuso (volendo insaporito con foglioline di salvia) e parmigiano.

Prima di servirli lasciateli riposare per un paio di minuti.

Ribollita

PER 6 PERSONE

- Pane scuro casalingo raffermo: g. 400
- Fagioli bianchi cannellini secchi: g 400
- Cavolo nero: g 400
- Cavolo verza (mezza palla): g 700
- Bietola in foglia: g 300
- 2 patate medie
- 1 cucchiaio di conserva (o g 300 di pelati)
- Pepolino (timo)
- Odori (1 cipolla, 2 spicchi d'aglio, 2 gambi di sedano, 2 carote)
- Olio extravergine d'oliva di frantoio
- Sale e pepe nero in grani

Cuocete i fagioli messi a mollo la sera prima in 2 litri di acqua fredda leggermente salata, passatene circa i ¾ e rimettete la purea così ottenuta nel brodo di cottura.

In un largo tegame fate rosolare, in 8 cucchiai d'olio, la cipolla e l'aglio tritati, appena appassiscono unite un po' di pepolino (non molto), le carote e il sedano a fettine. Dopo poco aggiungete le patate e le restanti verdure pulite, lavate e tagliate a pezzetti; unite anche la conserva diluita in poca acqua calda (o i pelati), salate e fate stufare per alcuni minuti. Versate quindi tutta la broda dei fagioli e fate cuocere piano per circa un'ora, aggiungendo acqua, qualora dovesse occorrere. Alla fine unite anche i fagioli interi.

Tagliate il pane a fettine sottili e mettetele nella zuppa, girate bene, cuocete per pochi minuti e togliete dal fuoco. Lasciate riposare a lungo (anche una notte), poi "ribollite" per alcuni minuti, aggiungendo poco olio. Servitela calda o tiepida, con un filo d'olio a crudo e pepe appena macinato e assolutamente senza formaggio.

Questa è la ricetta della ***vera ribollita DOC*** *certificata con atto notarile del 24 maggio 2001 dalla Delegazione di Firenze dell'Accademia Italiana della Cucina.*

Risotto coi Carciofi

PER 4 PERSONE

- Riso (Arborio o Carnaroli): g 300
- 4 bei carciofi (o 8 piccoli)
- Pancetta: g 50
- 2 spicchi d'aglio
- Nepitella (facoltativa)
- 1 litro di brodo
- Parmigiano grattato
- Burro: g 50
- Olio d'oliva
- Sale e pepe

In una pentola fate rosolare, in 4 cucchiai d'olio e metà del burro, gli agli interi, la pancetta a cubetti piccoli e la nepitella.

Prima che prendano colore unite i carciofi puliti e tagliati a spicchi molto sottili (consiglio di usare anche qualche centimetro di gambo).

Salate e fateli rosolare per alcuni minuti bagnando con un mestolino di brodo.

Versate il riso e fatelo tostare per pochi minuti, quindi tiratelo su con il brodo bollente.

Quando è pronto incorporateci il restante burro e un paio di cucchiai di parmigiano. Servitelo, ben cremoso, con pepe e altro formaggio.

Risotto con Funghi e piccione

PER 4 PERSONE

- Riso (Arborio o Carnaroli): g 300
- 1 piccione
- Funghi porcini secchi: g 30
- ½ cipolla
- Salvia
- 1 litro di brodo
- Vino bianco
- Olio d'oliva
- Sale e pepe
- Parmigiano grattato (facoltativo)

In una pentola fate appassire, in 6 cucchiai d'olio, la cipolla tritata fine, unite quindi il piccione ben pulito e tagliato in quarti.

Salate, pepate, aggiungete un po' di salvia e fate rosolare bene, poi bagnate con il vino. Quando sarà ritirato versate un ramaiolo di brodo e portate a cottura il piccione.

Toglietelo dalla pentola, fatelo intiepidire e disossatelo con cura, rimettete la polpa nella pentola e unite anche i funghi ammollati e tritati.

Aggiungete il riso e portatelo a cottura con il brodo bollente. Si gusta con del pepe nero e volendo con il parmigiano.

Risotto Nero alla fiorentina

PER 4 PERSONE

- Riso (Arborio o Carnaroli): g 300
- Seppie intere: g 400
- Bietole: g 400
- ½ cipolla
- 1 spicchio d'aglio
- 1 bicchiere di vino bianco
- 1 cucchiaio di conserva
- Olio d'oliva
- Sale e pepe
- Parmigiano grattato (facoltativo)

Pulite le seppie eliminando pelle, osso, occhi, becco e intestini; conservate invece le vescichette con l'inchiostro.

In una pentola fate rosolare, in 6 cucchiai d'olio, un trito fine di cipolla e aglio.

Appena la cipolla inizia ad appassire unite le seppie tagliate a pezzetti e le bietole lavate e tagliate a listerelle. Fate cuocere per 5 minuti, quindi bagnate con il vino.

Quando sarà ritirato aggiungete il riso e la conserva (in mancanza potete usare g 200 di pelati), salate e portate a cottura con acqua bollente. In ultimo unite anche l'inchiostro delle seppie e cuocete per altri 5 minuti.

Servitelo con abbondante pepe e, volendo, con il parmigiano grattato.

Spaghetti al Cavolo nero

PER 4 PERSONE

- Spaghetti grossi: g 350
- 2 mazzetti di cavolo nero
- 2 spicchi d'aglio
- Olio extra vergine d'oliva
- Sale e pepe in grani

Pulite il cavolo nero, eliminate le costole bianche più dure e lessatelo in acqua bollente salata; scolatelo, strizzatelo e tritatelo sul tagliere con la mezzaluna.

In una padella fate imbiondire gli agli interi sbucciati in 5 cucchiai d'olio, quindi unite il cavolo. Salate poco, pepate e fatelo rosolare per 5 minuti.

Cuocete gli spaghetti e scolateli al dente, quindi fateli saltare in padella con il cavolo, serviteli subito con un filo d'olio a crudo e del pepe appena macinato.

A questa preparazione tipica del Chianti può essere aggiunta della ***pancetta*** *di maiale a cubetti da rosolare con l'aglio.*

Spaghetti allo Scoglio

PER 4 PERSONE

- Spaghetti: g 350
- Vongole veraci: g 500
- Cozze o muscoli: g 500
- Pomodori pelati: g 300
- 2 spicchi d'aglio
- Prezzemolo
- Peperoncino
- Olio d'oliva
- Sale

Pulite bene le cozze raschiandole ed eliminando il "baffo" (tiratelo via verso la parte più grande della cozza), lavate i restanti frutti di mare e poi fateli aprire tutti in una grande padella messa su fuoco vivo. Raccogliete l'acqua che avranno fatto e filtratela.

In un tegame molto capace, fate rosolare un trito di aglio, prezzemolo e peperoncino, prima che l'aglio prenda colore versate l'acqua dei molluschi e dopo pochi minuti aggiungete i pomodori; salate e cuocete per 10 minuti.

Infine unite anche tutti i frutti di mare e tenete sul fuoco, girando, per altri 5 minuti.

Lessate gli spaghetti al dente e poi saltateli in padella con la salsa che avete preparato, aggiungendo del prezzemolo tritato.

*Questa ricetta può essere preparata anche "**in bianco**", cioè senza pomodoro (al suo posto potete usare acqua o poco brodo di pesce anche in polvere).*

Spaghetti al Vino rosso

PER 4 PERSONE

- Spaghetti grossi: g 350
- Pancetta: g 100
- ½ cipolla
- 4 bicchieri di vino rosso (di buon corpo)
- Sale e pepe
- Olio d'oliva
- Parmigiano o pecorino grattati

Tritate la cipolla e tagliate a cubetti piccoli la pancetta, mettete il tutto a rosolare in una padella con 5 cucchiai d'olio.

Appena la cipolla appassisce, salate, pepate, bagnate con un bicchiere di vino rosso e fatelo ritirare.

Lessate la pasta in acqua bollente salata alla quale avrete aggiunto 2 bicchieri di vino, scolatela molto al dente e mettetela nella padella.

Unite un bicchiere di vino e fate saltare a fuoco alto fino a che il vino non sia statc tutto assorbito.

Servite gli spaghetti con del pepe appena macinato e del buon formaggio stagionato.

Per una perfetta riuscita del piatto consiglic un ottimo vino non troppo giovane (i vini in cartone sono senz'altro da evitare).

Spaghetti coi "Nicchi"

PER 4 PERSONE

- Spaghetti o spaghettini: g 350
- Arselle o telline già spurgate (dette in Versilia "nicchi"): Kg 1
- Pomodori pelati: g 300 (facoltativi)
- 2 spicchi d'aglio
- Prezzemolo
- Peperoncino
- Olio d'oliva
- Sale

Lavate le arselle (accertatevi che siano già spurgate, senza sabbia) e fatele aprire in una grande padella messa su fuoco vivo; raccogliete l'acqua che avranno fatto e filtratela e sgusciate le arselle.

In un tegame molto capace, fate rosolare un trito di aglio, prezzemolo e peperoncino, prima che l'aglio prenda colore versate l'acqua delle arselle e dopo pochi minuti aggiungete i pomodori; salate e cuocete per un quarto d'ora.

Unite le arselle e tenete sul fuoco, girando, per 2 minuti.

Lessate gli spaghetti al dente e poi saltateli in padella con la salsa che avete preparato, aggiungendo del prezzemolo tritato.

Questa ricetta può essere preparata anche "in bianco", cioè senza pomodoro.
Molti non sgusciano le arselle e le mettono nella salsa con i loro gusci, fanno scena ma complicano la degustazione del piatto.
Al posto delle arselle si possono usare delle ***vongole veraci****, delle* ***vongoline*** *(dette "paparazze") o dei gustosi "****coltellacci****" (cannolicchi) spurgati (sono sempre pieni di sabbia) e tritati.*

Tagliatelle alla Trabaccolara

PER 4 PERSONE

- Tagliatelline fresche all'uovo: g 400
- Pesce con lisca (misto di gallinella, scorfano, tràcina, pagello): circa g 600
- Pomodori pelati: g 200
- 1 spicchio d'aglio
- Prezzemolo
- Peperoncino
- ½ bicchiere di vino bianco
- Olio d'oliva
- Sale

In una padella fate rosolare, in 6 cucchiai d'olio, un battuto fine di aglio, prezzemolo e peperoncino; appena l'aglio accenna a prendere colore, unite il pesce pulito (squamato, sventrato e lavato) e fatelo cuocere per una decina di minuti, bagnando con il vino.

Togliete il recipiente dal fuoco, levate il pesce, eliminate le lische e fate la polpa a pezzetti; aggiungete i pomodori pelati a pezzi, salate e cuocete per 15 minuti senza coperchio.

Rimettete la polpa dei pesci nella salsa, cuocete un attimo e prima di togliere dal fuoco unite altro prezzemolo tritato.

Cuocete la pasta in abbondante acqua salata, scolatela al dente e passatela nella padella per condirla con la salsa.

Testaroli di Pontremoli

PER 4 PERSONE

- Farina bianca: g 300
- Pesto alla genovese (od olio d'oliva)
- Pecorino e parmigiano grattati
- Sale

In una zuppiera impastate la farina con circa un quarto di litro d'acqua e il sale; la pastella dovrà essere abbastanza fluida, omogenea e senza grumi.

Fate scaldare il testo di base detto "sottano" (i migliori sono in terracotta, ma ci sono anche di ghisa e di ferro) di circa 40 cm e versateci sopra un mestolo di pastella in modo uniforme (deve risultare alto un po' meno di ½ cm). Metteteci sopra il coperchio, detto "soprano", ben caldo e completate la cottura per circa 10 minuti. Toglieteli e fateli freddare.

Tagliate il testarolo a rombi o a quadrati di circa 5 cm di lato e fateli cuocere in acqua bollente salata per un attimo, poi spegnete il fuoco e lasciateli nell'acqua per 1 minuto.

Scolateli con il mestolo forato e conditeli in una zuppiera ben calda, a strati, con del pesto o solo con olio d'oliva e i formaggi grattati mescolati.

Ho dato la ricetta dei testaroli lunigianesi per pura curiosità, è ovvio che non si possono fare in casa e quasi nessuno li fa più nemmeno a Pontremoli, ma, per fortuna, si trovano nei negozi e nei supermercati prodotti artigianalmente e confezionati sottovuoto. Sono buoni, basta che seguiate le indicazioni di cottura e di condimento che vi ho dato.

Tortelli alla Maremmana

PER 6 PERSONE

- Farina bianca tipo 0: g 500
- 6 uova
- Spinaci o bietolina in foglia: g 400
- Ricotta di pecora freschissima: g 300
- Noce moscata
- Sale e pepe
- Parmigiano grattato
- Sugo di carne toscano

Questi tortelli si posso fare anche più grandi, fino a dei rettangoli di 14x7 cm.
In alcune zone della Maremma (Sovana e dintorni) al posto della bietola o degli spinaci si usano le cime dell'ortica, in altri luoghi (Arcidosso e Santa Fiora) si usano le erbe miste di montagna.

Fate una normale pasta sfoglia con la farina, 4 uova, sale e un po' d'acqua.

Lessate gli spinaci o le bietole (o entrambi) con la sola acqua che rimane sulle foglie dopo che li avete lavati, quindi strizzateli e tritateli finemente. In una zuppiera impastateli con la ricotta, 4 cucchiai di parmigiano, 2 uova, sale, pepe e un profumo di noce moscata.

Tirate la sfoglia sottile e su di un lato mettete dei cucchiaini di ripieno, in fila, ogni circa 8 cm. Piegate il lembo della sfoglia libera in modo da coprire i mucchietti perfettamente.

Premete con le dita intorno al ripieno e ritagliateli, in forma quadrata, con la rotella dentata (tenete presente che non ci deve essere molto ripieno e che la sfoglia intorno deve essere abbondante, si dice "con ampio marciapiede").

Cuoceteli in abbondante acqua salata, scolateli con il mestolo forato e conditeli, a strati, in una zuppiera ben riscaldata, con ragù di carne e formaggio grattato (ideale sarebbe il pecorino maremmano stagionato).

Prima di servirli lasciateli riposare per un paio di minuti.

Tortelli di farina di Castagne

PER 6 PERSONE

- Farina bianca tipo 0: g 500
- 5 uova
- Farina di castagne: g 300
- Ricotta di pecora: g 200
- 1 bicchiere di latte
- Sale e pepe
- Parmigiano grattato
- Burro

Fate una normale pasta sfoglia con la farina, 3 uova, sale e un po' d'acqua.

Impastate la farina di castagne setacciata con circa un bicchiere di latte, poi amalgamatela con la ricotta, 6 cucchiai di parmigiano, 2 uova, sale e pepe.

Tirate la sfoglia non troppo sottile e su di un lato mettete dei cucchiaini di ripieno, in fila, ogni circa 6 cm. Piegate il lembo della sfoglia libera in modo da coprire i mucchietti perfettamente.

Premete con le dita intorno al ripieno e ritagliateli, in forma quadrata o a mezzaluna, oppure piegateli a triangolo e poi dategli la forma di un tortellone.

Cuoceteli in abbondante acqua salata, scolateli con il mestolo forato e conditeli con burro fuso e parmigiano grattato.

Sono ottimi anche serviti con una salsa fatta con ***ricotta e noci tritate*** *o una* ***salsa di funghi****.*

Tortelli di Patate

PER 6 PERSONE

- Farina bianca tipo 0: g 500
- Patate bianche: g 600
- 6 uova
- Pancetta: g 100
- 2 spicchi d'aglio
- Rosmarino
- Noce moscata
- Olio d'oliva
- Sale e pepe
- Sugo di carne o d'anatra o di funghi o di pomodoro
- Parmigiano grattato

Preparate la sfoglia con la farina, 4 uova, un po' d'acqua e sale. Fatene una palla e lasciatela riposare al fresco per un'oretta.

Lessate le patate, sbucciatele, passatele ancora calde e mettete il purè ottenuto in una zuppiera.

In una casseruola fate rosolare, in 6 cucchiai d'olio, la pancetta tritata fine, gli agli e un po' di rosmarino. Appena l'aglio accenna a imbiondire eliminatelo assieme al rosmarino e impastate questa salsa con il purè di patate.

Aggiungete anche 2 uova, 4 cucchiai di parmigiano, un po' di noce moscata, sale e pepe, rimestate bene e lasciate riposare.

Tirate la pasta e ricavatene dei dischi di circa 6 cm di diametro, mettete al centro un cucchiaino di ripieno, quindi chiudeteli a mezzaluna e sigillate il bordo con una forchetta.

Lessate i tortelli in abbondante acqua salata, scolateli con il mestolo forato e conditeli con un sugo di funghi o di carne o d'anatra o di pomodoro (ma sono ottimi anche al burro) e abbondante parmigiano.

Questi squisiti tortelli sono tipici del Mugello e della Maremma.

Tortelli versiliesi o "Tordelli"

PER 6 PERSONE

- Pasta sfoglia fatta con g 500 di farina e 2 uova
- 1 fetta di vitello e 1 fetta di maiale: circa g 350 in tutto
- Bietola lessa: g 200
- 3 uova
- 1 pugno di mollica di pane
- Timo o pepolino (facoltativo)
- Burro: g 50
- Parmigiano e pecorino grattati
- Noce moscata
- Sale e pepe
- Sugo di carne toscano (v. penne strascicate)

Un tempo era d'obbligo l'aggiunta di un po' di cervello di vitello lessato, oggi molti aggiungono un po' di mortadella nostrale (tipo di salame morbido) o della salsiccia di maiale. Il modo di condirli, a strati, è essenziale.

Per prima cosa preparate la sfoglia con la farina, le uova, acqua e sale; fatene una palla e lasciatela riposare.

In un tegame fate rosolare nel burro le carni, bagnatele con poca acqua e cuocetele per un quarto d'ora, quindi toglietele, tritatele fini con la lunetta e mettetele in una zuppiera con il sughetto di cottura.

Aggiungete le bietole lessate e tritate fini, la mollica ammollata, le uova, 4 cucchiai di parmigiano e 2 di pecorino, un po' di noce moscata, poco timo (se volete), sale e pepe. Rimestate e amalgamate bene il tutto (se fosse troppo sodo unite poco latte o acqua) e lasciate riposare per un po'.

Tirate la sfoglia e preparate i tortelli come di consueto, a forma di mezzaluna, chiudendo il bordo con una forchetta. Lessateli al dente in abbondante acqua salata.

Scaldate una zuppiera con acqua bollente e mettete sul fondo un po' di sugo, poi fate uno strato di tortelli e cospargete con sugo e parmigiano. Proseguite così, terminando con sugo e formaggio. Lasciate riposare qualche minuto prima di servire.

Zuppa di Farro e polpo

PER 4 PERSONE

- Farro: g 100
- Polpo di scoglio: circa g 400
- Brodo vegetale o di pesce (anche granulato): circa 1 litro
- Pomodori pelati: g 400
- 2 spicchi d'aglio
- Prezzemolo
- Peperoncino
- Olio d'oliva
- Sale e pepe in grani

Pulite il polpo eliminando l'intestino, gli occhi e il becco, lavatelo e tagliate la sacca a listerelle e i tentacoli a fettine fini.

In un tegame rosolate l'aglio e il prezzemolo tritati con un po' di peperoncino e appena l'aglio prende colore unite il polpo.

Fate insaporire e poi unite i pomodori, salate e fate cuocere piano per circa 40 minuti, aggiungendo acqua man mano che occorre.

Nel frattempo, in una pentola, fate lessare il farro nel brodo, appena è cotto aggiungete il polpo con tutta la sua salsa.

Fate cuocere 5 minuti insieme e servite con del pepe appena macinato.

Zuppa di Porri e patate

PER 4 PERSONE

- Riso (Originario o Vialone): g 150
- 2 grossi porri
- 2 patate medie
- Pancetta: g 50
- Brodo vegetale: 1,2 litri circa
- Olio d'oliva
- Sale e pepe in grani
- Parmigiano grattato (facoltativo)

In una pentola fate rosolare, in 4 cucchiai d'olio, la pancetta a dadini e i porri tagliati a fettine fini.

Dopo 5 minuti unite anche le patate pelate e tagliate a cubetti e il riso, fate rosolare per qualche minuto e versate il brodo caldo.

Appena il riso è cotto, aggiustate di sale e servite la minestra con pepe appena macinato e volendo con il formaggio.

Zuppa di Ricotta e bietola

PER 4 PERSONE

- Bietola: g 500
- Ricotta di pecora: g 250
- 1 litro e un quarto di brodo vegetale
- 1 cipolla piccola
- Olio d'oliva
- Sale e pepe
- 4 fette di pane casalingo
- Parmigiano grattato

In una pentola fate rosolare, in 5 cucchiai d'olio, la cipolla tritata fine, quando appassisce unite la bietola ben lavata e tagliata a listerelle.

Salate poco, pepate e fate cuocere pochi minuti, quindi versate tutto il brodo bollente.

Cuocete per circa un quarto d'ora e aggiungete la ricotta sbriciolata; fate sobbollire, sempre rimestando, per 2 minuti e spegnete il fuoco.

Mettete nelle scodelle le fette di pane abbrustolite e versateci sopra la zuppa. Servitela con il parmigiano grattato.

Zuppa Lombarda o "bastarda"

PER 4 PERSONE

- Fagioli bianchi freschi: g 500 (o g 250 secchi)
- 2 spicchi d'aglio
- Salvia
- Olio d'oliva
- Olio extravergine d'oliva
- Sale e pepe in grani
- 4 fette di pane casalingo

Cuocete i fagioli in un litro e mezzo d'acqua fredda salata alla quale avrete aggiunto gli agli, un po' di salvia e 4 cucchiai d'olio.

Mettete in ogni scodella una fetta di pane leggermente abbrustolita (non deve tostare molto) e, volendo, leggermente agliata, versate in ogni scodella una bella ramaiolata di fagioli e di brodo bollente.

Salate e gustate questa semplice zuppa con del buon pepe appena macinato e con un filo di ottimo olio extravergine d'oliva.

Zuppa Frantoiana

PER 8 PERSONE

- Fagioli rossi "scritti" o borlotti: g 200 (secchi)
- Odori (cipolla, carota, sedano, aglio)
- 1 mazzo di erbe di campo (borragine, radicchio selvatico)
- 1 mazzetto di cavolo nero (detto "braschetta")
- ½ di cavolo verza
- 2 mazzetti di bietolina in foglia
- 2 patate, 2 carote, 2 zucchini
- Finocchio selvatico (facoltativo)
- Timo o pepolino
- 1 cucchiaio di conserva
- Olio extravergine d'oliva
- Sale e pepe
- 8 fette di pane casalingo raffermo

Lessate i fagioli, dopo averli tenuti a mollo una notte, in circa 2 litri d'acqua fredda salata. Passatene circa i ¾ e rimettete la purea ottenuta nel brodo di cottura.

In una pentola fate rosolare, in mezzo bicchiere d'olio, gli odori tritati e quando il battuto appassisce unite tutte le verdure pulite, lavate e tagliate a fettine, listerelle e a pezzetti.

Fate stufare alcuni minuti, quindi aggiungete il concentrato diluito in acqua, salate poco, pepate, unite pochi semi di finocchio selvatico (se graditi), un rametto di timo e unite il brodo dei fagioli; fate cuocere per circa 45 minuti a pentola scoperta, alla fine unite anche i fagioli rimasti interi.

In una zuppiera mettete le fette di pane (volendo abbrustolite e leggermente strofinate d'aglio) e versateci sopra la zuppa. Aspettate una decina di minuti prima di servirla; si gusta con del pepe appena macinato e abbondante olio di frantoio.

Zuppa Ripiena del Casentino

PER 6 PERSONE

- Pane casalingo raffermo: g 300
- Odori (cipolla, carota, sedano)
- Pomodori pelati: g 400
- Fegatini di pollo: g 300
- Timo o pepolino
- 2 spicchi d'aglio
- Salvia
- 3 uova
- Olio d'oliva
- Sale e pepe in grani
- Parmigiano grattato (facoltativo)

In una pentola fate rosolare, in 8 cucchiai d'olio, il battuto degli odori e il timo; appena la cipolla appassisce unite i pomodori.

Salate, pepate e fate cuocere per 10 minuti, quindi unite il pane tagliato a fette sottili e circa un litro e mezzo d'acqua bollente. Fate cuocere per circa un quarto d'ora.

Nel frattempo rosolate i fegatini puliti e lavati con olio, aglio e salvia, quando sono cotti tagliateli a grossi pezzetti.

Quando la zuppa è pronta (deve risultare piuttosto densa) mettetela in una pirofila abbastanza alta, fate come una buca al centro e riempitela con i fegatini, quindi coprite il tutto con le uova sbattute insieme a poco sale e a 3 cucchiai di formaggio.

Passate 5 minuti in forno molto caldo (220°C) a gratinare e poi lasciate leggermente intiepidire prima di servire; si gusta con del pepe nero macinato al momento e, a piacere, con o senza parmigiano.

Secondi piatti

Acciughe in torta con patate

PER 6 PERSONE

- Acciughe fresche grosse: g 800
- 4 patate medie
- Pomodori pelati: g 400
- Prezzemolo
- Olio d'oliva
- Sale e pepe

Pulite le acciughe eliminando testa, interiora e lisca centrale, avendo cura di lasciarle attaccate per la schiena (a libro), lavatele e asciugatele.

In una teglia unta d'olio fate uno strato di patate tagliate a fette sottili e copritele con le acciughe aperte a libro.

Cospargete con i pomodori spezzettati con le mani e del prezzemolo tritato; poi salate, pepate, irrorate d'olio e passate in forno caldo per circa 40 minuti.

Sopra le acciughe si può mettere un altro strato di patate tagliate fini e poi, sulle patate, si mettono i pomodori, il prezzemolo, l'olio, il sale e il pepe.

Acciughe ripiene

PER 4 PERSONE

- Acciughe fresche grosse: g 600
- 3 uova
- 1 spicchio d'aglio
- Prezzemolo
- Farina
- Pangrattato
- Sale e pepe
- Olio per friggere

Pulite le acciughe eliminando testa, interiora e lisca centrale, avendo cura di lasciarle attaccate per la schiena (a libro), lavatele e asciugatele.

Prendete 4 acciughe e tritatele finemente quindi impastatele, in una zuppiera, con un uovo, un trito di aglio e prezzemolo, 4 cucchiai di pangrattato, sale e pepe.

Con questo composto farcite le acciughe e chiudetele a libro, premetele in modo che siano ben chiuse.

Passatele quindi nella farina, poi nelle restanti uova sbattute con del sale e infine nel pangrattato.

Friggetele in abbondante olio caldo e servitele subito, volendo con spicchi di limone.

Agnello al forno

PER 6 PERSONE

- Agnellino o capretto (coscio e lombata): circa Kg 1,5
- 2 spicchi d'aglio
- Rosmarino
- ½ bicchiere di vino bianco
- 2 cucchiai di aceto di vino bianco
- Olio d'oliva
- Sale e pepe

Tritate finemente l'aglio e le foglioline di rosmarino, mescolate il tutto con abbondante sale e pepe.

Con questo condimento strofinate bene l'agnello, legatelo in modo da unire il coscio con la lombata e mettetelo in una teglia.

Irroratelo con mezzo bicchiere d'olio e passatelo in forno non troppo caldo (180°C).

Durante la cottura bagnatelo spesso con il sughetto di cottura poi, verso la fine (ci vorrà circa un'ora), versateci sopra il vino mescolato con l'aceto e alzate il calore in modo da far prendere un bel colore nocciola.

Volendo, quando ha preso colore, mezz'ora prima di toglierlo dal forno, unite delle ***patate*** *tagliate a grossi tocchi e proseguite la cottura per altri 30 minuti circa.*

Agnello fricandò

PER 4 PERSONE

- Cosciotto o spalla d'agnello: circa Kg 1
- 2 spicchi d'aglio
- Rosmarino
- Vino bianco
- 4 uova
- 1 limone
- Parmigiano grattato: g 100
- Pangrattato: g 50
- Olio d'oliva
- Sale e pepe

Tagliate a pezzi piuttosto piccoli l'agnello e fatelo rosolare in mezzo bicchiere d'olio con un po' di rosmarino e gli spicchi d'aglio interi.

Salate, pepate e quando avrà preso colore bagnate con un bicchiere di vino bianco e fatelo ritirare lentamente.

In una zuppierina mescolate le uova con il succo del limone, il parmigiano, il pangrattato, sale e pepe.

Quando l'agnello sarà cotto versate nel tegame questa salsa, girate bene per un paio di minuti e servite subito.

Anatra all'arancia

PER 4 PERSONE

- 1 anatra di circa Kg 1,2
- 4 arance
- 2 spicchi d'aglio
- Salvia
- ½ bicchiere di vino bianco
- Burro: g 50
- 1 cucchiaino di farina
- 2 cucchiai di aceto di vino bianco
- Olio d'oliva
- Sale e pepe

Pulite, fiammeggiate e svuotate l'anatra, eliminate la testa, la punta delle ali, le zampe e le ghiandole sulla coda, lavatela e asciugatela.

Farcitela con gli spicchi d'aglio, un po' di salvia, un'arancia sbucciata e tagliata in quarti, sale e pepe. Legatela, in modo che resti in forma, mettetela in una teglia, irroratela con un filo d'olio e infornatela a calore medio (180°C).

Mentre cuoce, bagnatela con il vino bianco e cospargetela spesso con il sugo di cottura; giratela ogni tanto.

Nel frattempo pelate le arance restanti in modo da ottenere delle fettine di scorza senza il bianco, tagliatele quindi a fiammifero.

In un pentolino fate spumeggiare il burro impastato con la farina, poi uniteci il succo filtrato delle arance, le scorze, l'aceto, sale e pepe; fate bollire questa salsa per pochi minuti.

Quando l'anatra sarà ben cotta e colorita, eliminate quasi tutto il grasso e versateci sopra la salsa all'arancia. Fate cuocere per altri 15 minuti e servite subito.

Anatra all'aretina

PER 4 PERSONE

- 1 anatra di circa Kg 1,2
- Odori (cipolla, carota, sedano, salvia)
- Prosciutto crudo o pancetta: g 100
- Pomodori pelati: g 400
- 1 bicchiere di vino bianco
- Olio d'oliva
- Noce moscata
- Sale e pepe

Spennate, svuotate e fiammeggiate l'anatra, eliminate la testa, la punta delle ali, le zampe, le ghiandole sulla coda; lavatela, asciugatela e tagliatela a quarti o a ottavi. Mettete da parte il fegato.

In un tegame fate rosolare, in 8 cucchiai d'olio, un trito di tutti gli odori con il prosciutto o la pancetta a quadratini.

Appena gli odori appassiscono unite i pezzi d'anatra, salate, pepate, profumate con noce moscata e fate cuocere per circa 20 minuti.

Bagnate con il vino e quando sarà ritirato eliminate tutto il grasso in eccesso che avrà fatto la pelle dell'anatra.

Infine aggiungete i pomodori e proseguite la cottura per circa un'ora; se dovesse occorrere bagnate con un po' di brodo o acqua. Dieci minuti prima di togliere dal fuoco unite il fegato dell'anatra tritato.

Anguilla alla fiorentina

PER 4 PERSONE

- Anguilla o anguille: circa Kg 1
- Pangrattato
- 3 spicchi d'aglio
- Salvia
- 1 bicchiere di vino rosso
- Olio d'oliva
- Sale e pepe
- 1 limone

Pulite e spellate l'anguilla come di consueto (il vostro pescivendolo farà questo noioso lavoro). Eliminate testa e coda e tagliatela in pezzi lunghi circa 6 cm; lavateli, asciugateli e metteteli in infusione, per un paio d'ore, con olio, sale e pepe.

Scolate i pezzi di anguilla e passateli nel pangrattato, quindi metteteli in una teglia unta d'olio.

Cospargete con foglioline di salvia, aglio tagliato a fettine e versateci sopra il condimento dove avete tenuto in infusione le anguille.

Cuocetele in forno caldo (180°C) e dopo una decina di minuti, giratele e bagnatele con il vino; proseguire, girando ancora, per un'altra mezz'ora.

Prima di servire spruzzate il tutto con qualche goccia di limone.

Anguille con piselli

PER 4 PERSONE

- Anguille piccole o medie: g 800
- Piselli sgranati (anche surgelati): g 400 (1 Kg col guscio)
- Pomodori pelati: g 400
- 2 spicchi d'aglio
- Farina
- Olio d'oliva
- Sale e pepe

Pulite le anguille eliminando anche la pelle, tagliate via teste e code e fatele a pezzi lunghi circa 6 cm, lavateli e asciugateli.

In una teglia fate rosolare gli agli a fettine in 4 cucchiai d'olio, prima che l'aglio imbiondisca unite i tocchi d'anguilla precedentemente infarinati.

Fateli colorire bene da ogni parte e poi aggiungete i pomodori spezzati, salate, pepate e cuocete per circa 20 minuti.

Togliete dalla teglia i pezzi d'anguilla e mettete al loro posto i piselli, aggiungete un po' d'acqua calda e cuoceteli bene (circa 20 minuti). Quando saranno pronti rimettete nella teglia l'anguilla.

Tenete sul fuoco altri 10 minuti e servite il tutto ben caldo cospargendo con pepe appena macinato.

*Questa ricetta può essere fatta anche "in bianco", cioè senza pomodoro. Al posto dei piselli si possono mettere 800 grammi di bietole lavate e tagliate a listerelle, in tal modo si ha la celebre "***anguilla in zimino***".*

Arista alla fiorentina

PER 6 PERSONE

- Lombata di maiale (con osso): circa Kg 1,5
- 2 spicchi d'aglio
- Rosmarino
- Olio d'oliva
- Sale e pepe

Disossate il pezzo d'arista (o meglio fatevelo disossare dal macellaio) in modo da avere intero il controfiletto e il filetto attaccato all'osso.

Fate un trito con aglio, rosmarino, sale e pepe e mettetene la metà tra l'osso e la carne; legate quindi insieme la carne con l'osso ricomponendo la lombata. Con il restante trito massaggiate tutta la lombata e mettetela in una teglia.

Irroratela con mezzo bicchiere d'olio e fatela cuocere in forno medio (160°C) per circa un'ora e mezzo o più.

Una volta ben cotta e colorita, slegatela, affettate il controfiletto e il filetto e servite il tutto cospargendo con il sughetto di cottura.

Ricordo che l'arista è buona anche fredda (si lascia intera e si affetta solo quando è il momento di gustarla).
È d'uso cuocere insieme all'arista delle ***patate*** *tagliate a tocchi. Come alternativa nell'olio di cottura si possono "strascicare" dei* ***rapini*** *(o del cavolo nero), lessati e tagliuzzati grossolanamente.*

Baccalà alla fiorentina o alla livornese

PER 4 PERSONE

- Baccalà ammollato: g 800
- Pomodori pelati: g 400
- 1 cipolla
- 3 spicchi d'aglio
- Prezzemolo
- Rosmarino
- Farina
- Olio d'oliva
- Sale e pepe

Togliete la pelle al baccalà (ma la tradizione vorrebbe che la pelle ci fosse) ed eliminate con cura tutte le lische, quindi tagliatelo a pezzi di circa 5x7 cm.

Infarinateli e friggeteli in poco olio al quale avrete aggiunto uno spicchio d'aglio e qualche fogliolina di rosmarino. Scolateli e teneteli su una carta da cucina.

In una teglia fate rosolare, in 5 cucchiai d'olio, il restante aglio tritato e la cipolla tagliata a fettine sottili, appena la cipolla appassisce unite i pomodori, salate, pepate e fate cuocere per circa 30 minuti.

Infine mettete nella salsa i pezzi di baccalà, cuocete ancora per 10 minuti, spolverate con prezzemolo tritato e servite dopo qualche minuto; anzi riscaldato è più buono.

Baccalà coi porri

PER 4 PERSONE

- Baccalà ammollato: g 600
- Porri: circa Kg 1
- Pomodori pelati: g 400
- Olio d'oliva
- Sale e pepe

Spellate e diliscate con cura il baccalà, quindi tagliatelo a quadrati di circa 4 cm.

Pulite i porri e tagliateli a fettine fini sino a raggiungere anche un po' del verde, metteteli in una teglia con 5 cucchiai d'olio e fateli appassire lentamente.

Quando saranno morbidi unite il baccalà e poi i pomodori spezzettati, salate, pepate e fate cuocere piano per circa mezz'ora (se fosse necessario bagnate con un po' d'acqua calda).

Servitelo con del pepe appena macinato e, se possibile, accompagnato con polenta di granturco calda.

Baccalà in zimino

PER 4 PERSONE

- Baccalà già ammollato e pulito: g 600
- Bietola: g 800
- Pomodori pelati: g 300
- 1 cipolla piccola
- 2 spicchi d'aglio
- Olio d'oliva
- Sale e pepe

Per prima cosa lessate le bietole (senza le costole) con la sola acqua che resta sulle foglie dopo che le avrete lavate, strizzatele e tagliatele grossolanamente.

In una teglia fate rosolare, in 6 cucchiai d'olio, un trito fine di cipolla e aglio, quando appassiscono unite i pezzi di baccalà puliti, diliscati e tagliati a pezzi di circa 5 cm di lato e fateli rosolare da entrambe le parti.

Dopo una decina di minuti toglieteli dal recipiente e al loro posto mettete i pomodori, salate poco, pepate e fate ritirare per circa 20 minuti.

Unite le bietole lessate e rimettete nella teglia i pezzi di baccalà e fate cuocere per un altro quarto d'ora.

Servite con altro pepe appena macinato.

Bistecca alla fiorentina

PER 2-3 PERSONE

- Bistecca (lombata di vitellone) di circa Kg 1 (alta circa 3-4 cm)
- Sale
- Pepe nero in grani

Accendete il fuoco di carbonella per tempo in modo da avere una brace viva, ma senza fiamma. Metteteci sopra una griglia in modo che resti a circa 10 centimetri dalle braci.

Quando la griglia sarà rovente appoggiateci sopra la bistecca, non lavata, a temperatura ambiente (non di frigo) e presa con le mani.

Non salatela e fatela cuocere, senza toccarla, per 5-6 minuti. Quindi giratela con una paletta o delle pinze da griglia (non foratela con la forchetta), salate la superficie cotta e tenetela sulla griglia per altri 5-6 minuti. Giratela ancora, salate anche l'altra parte e tenetela sul fuoco per un paio di minuti.

Servitela su un tagliere o su un piatto riscaldato e gustatela dopo 1 minuto, ben calda (la bistecca fredda è rovinata), senza olio né limone. È ammesso solo un po' di pepe appena macinato.

*La carne per la bistecca, chiamata fuori Toscana "**fiorentina**" è quella di un manzo giovane, possibilmente di razza chianina, di circa 18-21 mesi. Questa costata (filetto, osso a T e controfiletto) deve essere frollata (dal macellaio) per 2-3 settimane. La bistecca non deve essere troppo grossa, se è troppo alta non cuoce e resta fredda al centro; da 800 a 1200 g è l'ideale.*

Buglione di carni miste

PER 6 PERSONE

- Spalla d'agnello: g 600
- Spalle di coniglio: g 600
- Anche e cosce di pollo o anatra: g 600
- Odori (cipolla, carota, sedano)
- 2 spicchi d'aglio
- Salvia
- Rosmarino
- ½ bicchiere d'aceto
- Brodo
- Olio d'oliva
- Sale e pepe
- Pane casalingo toscano

Tagliate le carni, pulite e lavate, a pezzi e fatele bollire in poca acqua salata per circa un quarto d'ora, lasciatele intiepidire, buttate via l'acqua di cottura e spolpatele accuratamente.

In un tegame fate rosolare, in mezzo bicchiere d'olio, un trito di cipolla, carota, sedano e aglio, appena il battuto sarà appassito unite le carni e fatele rosolare per una decina di minuti, salate, pepate e bagnate con l'aceto.

Fatelo ritirare, poi unite qualche fogliolina di salvia e di rosmarino e continuate la cottura molto a lungo bagnando, di tanto in tanto, con del brodo.

Alla fine il buglione dovrà risultare come una specie di "crema", che servirete su fette di pane abbrustolite.

Cappone ripieno ai marroni

PER 8 PERSONE

- Cappone piccolo di circa Kg 2
- Marroni o castagne: g 500
- Prugne senza nocciolo: g 150
- Funghi porcini secchi: g 25
- Mollica di pane
- 2 salsicce
- 1 mela
- 2 uova
- Vinsanto
- Pancetta stesa a fettine: g 50
- 1 bicchiere di vino bianco
- Olio d'oliva
- Sale e pepe

Lessate i marroni in acqua salata, fateli intiepidire, quindi sbucciateli, spellateli e tritateli grossolanamente.

In una zuppiera amalgamate, tutto insieme, i marroni, le salsicce spellate e sbriciolate, le prugne snocciolate e tritate, la mela pulita e fatta a pezzetti, i funghi ammollati e tritati, un paio di pugni di mollica di pane, le uova, un po' di vinsanto, sale e pepe.

Impastate bene in modo da avere un composto omogeneo e liscio, quindi farcite il cappone e legatelo fasciando il petto con le fettine di pancetta e mettetelo in forno medio (170°C) con olio, vino bianco, sale e pepe.

Fatelo cuocere per circa 2 ore, bagnando spesso con il sughetto di cottura, mezz'ora prima di servirlo, togliete la pancetta in modo che anche il petto colorisca.

Cèe alla pisana

PER 4 PERSONE

- Cieche (anguille neonate): g 300
- 3 spicchi d'aglio
- Salvia
- 3 tuorli d'uovo
- 3 cucchiai di parmigiano grattato
- ½ limone
- Olio d'oliva
- Sale e pepe

In una teglia fate rosolare, in 6 cucchiai d'olio, gli agli interi e la salvia.

Appena l'aglio accenna a imbiondire buttate le cieche ben lavate in abbondante acqua e tenete su fuoco vivace per 5 minuti, salate, pepate e girate spesso, aggiungendo un goccio d'acqua se necessario.

Nel frattempo avrete sbattuto, in una zuppierina, i rossi delle uova, 3 cucchiai di parmigiano, poco sale, 3 cucchiai d'acqua e il succo di mezzo limone.

Versate questa salsetta sulle cieche, mescolate velocemente e passate un attimo in forno ben caldo (200°C) per una leggera gratinatura.

A ***Viareggio*** *le cèe si preparano in padella solo con poco olio, aglio e salvia (qualcuno "osa" aggiungere una scorzetta d'arancia). Comunque la pesca delle cieche è proibita, si trovano solo d'importazione (Francia e Spagna) o surgelate.*

Chiocciole alla maremmana

PER 4 PERSONE

- Chiocciole medie o grosse già spurgate: circa 80
- Pomodori pelati: g 400
- Odori (cipolla, carota, sedano)
- Nepitella o mentuccia
- 1 bicchiere di vino rosso
- 1 bicchiere di brodo
- Olio d'oliva
- Sale e pepe
- 4 fette di pane casalingo toscano

In un tegame capace fate rosolare, in 6 cucchiai d'olio, un battuto fine di tutti gli odori, appena cominciano ad appassire unite i pomodori, salate, pepate e fate cuocere per circa 20 minuti.

Aggiungete quindi le chiocciole già spurgate alla perfezione e fate cuocere lentamente aggiungendo il vino e il brodo.

Tenete sul fuoco circa 2 ore in modo che alla fine le chiocciole siano ben cotte e il sughetto sia di giusta densità.

Servitele su fette di pane abbrustolite e, volendo, leggermente agliate.

Cibrèo di rigaglie

PER 4 PERSONE

- Fegatini di pollo: g 300
- Cuori di pollo: g 100
- 1 cipolla piccola
- Burro: g 50
- Salvia
- Farina
- 2 rossi d'uovo
- ½ limone
- Noce moscata
- Poco brodo
- Olio d'oliva
- Sale e pepe in grani

In una casseruola fate rosolare, nel burro e in 4 cucchiai d'olio, la cipolla tritata fine e qualche fogliolina di salvia.

Appena appassisce unite i fegatini e i cuori leggermente infarinati e spezzettati, salate, pepate, profumate con poca noce moscata e cuocete per 15 minuti, bagnando, quando occorre, con del brodo caldo.

Alla fine versate nel tegame i tuorli d'uovo sbattuti con il succo di limone e poco brodo, girate bene per un attimo e servite subito, ben caldo e con altro pepe appena macinato.

Nella vera ricetta di questo antico piatto c'erano anche le creste di gallo, i bargigli e i fagioli o granelli del gallo, queste parti venivano scottate per pochi minuti, poi spellate e tagliate a fettine, ma ormai sono introvabili.

Cinghiale alla maremmana

PER 4 PERSONE

- Polpa di cinghiale giovane: g 800
- Odori (cipolla, carota, sedano)
- 2 spicchi d'aglio
- 2 foglie d'alloro
- ½ litro di vino rosso
- ½ bicchiere di aceto
- Pomodori pelati: g 400
- Olio d'oliva
- Sale e pepe

Tagliate a pezzi la polpa ben pulita e mettetela in infusione nel vino e nell'aceto con tutti gli odori a fettine, l'aglio e l'alloro.

Lasciate a marinare al fresco per tutta la notte, poi raccogliete odori e aromi e metteteli in un tegame con mezzo bicchiere d'olio.

Quando appassiscono aggiungete la polpa di cinghiale e fatela colorire a fuoco vivace, poi bagnate con un bicchiere della marinata e quando sarà ritirata unite i pomodori, salate, pepate e continuate a cuocere per circa 2 ore, bagnando con acqua man mano che occorre.

Alla fine passate tutta la salsa al passatutto e servitela insieme alla polpa di cinghiale.

Ciòncia pesciatina

PER 4 PERSONE

- Parti della testina di vitella (muso, orecchi, labbra, gote): g 600
- Odori (cipolla, carota, sedano, aglio)
- ½ bicchiere di vino rosso
- Pomodori pelati: g 400
- Olio d'oliva
- Sale e pepe
- Pane casalingo (facoltativo)
- Parmigiano grattato (facoltativo)

Fate bollire in acqua salata, per circa un'ora, tutte le carni che avete scelto, fatele intiepidire, scolatele e tagliatele a listerelle, come fosse una trippa.

In una casseruola, fate rosolare, in 8 cucchiai d'olio, un trito di tutti gli odori e quando appassiscono unite le carni, fate insaporire per una decina di minuti, poi bagnate con il vino.

Appena si sarà ritirato aggiungete i pomodori, salate, pepate e fate cuocere ancora un'ora, girando spesso e bagnando con acqua calda, man mano che occorre.

Servite la ciòncia così com'è o su fette di pane abbrustolite cospargendo con del pepe appena macinato e volendo con del parmigiano grattato.

Coniglio alla cacciatora

PER 4 PERSONE

- 1 coniglio pulito di circa Kg 1
- 2 spicchi d'aglio
- Rosmarino
- 1 bicchiere di vino bianco
- Pomodori pelati: g 400
- Olive nere: g 200
- Olio d'oliva
- Sale e pepe

Dividete il coniglio (senza testa e zampe) in 12 pezzi: le cosce divise in 2, 2 spalle e il busto in 6 parti.

In un tegame fate rosolare, in 8 cucchiai d'olio, un trito di aglio e rosmarino, appena l'aglio inizia a imbiondire unite i pezzi di coniglio e fateli colorire a fuoco vivace.

Bagnate con il vino, salate, pepate e fatelo ritirare.

Aggiungete i pomodori e proseguite la cottura per circa un'ora, bagnando con acqua calda se dovesse occorrere.

Un quarto d'ora prima di togliere dal fuoco unite le olive, meglio se snocciolate. Servitelo ben caldo con la salsa molto ristretta.

Coniglio con le mele

PER 4 PERSONE

- 1 coniglio di circa Kg 1
- 2 spicchi d'aglio
- Rosmarino
- 1 bicchiere di vino bianco secco
- 2 mele golden o piccole di campagna
- Brodo
- Olio d'oliva
- Sale e pepe

Dividete il coniglio (senza testa e senza zampe) in 12 pezzi (le cosce divise in 2, 2 spalle e la lombata in 6 pezzi), lavateli e asciugateli.

Fateli rosolare, in una casseruola capace, con 6 cucchiai d'olio, l'aglio e un po' di rosmarino.

Quando avranno preso colore, bagnate con il vino, salate, pepate e fate ritirare adagio.

A questo punto unite le mele sbucciate, senza torsolo e tagliate in 8 spicchi, girate un attimo poi portate a cottura le mele e il coniglio bagnando di tanto in tanto con del brodo.

Coniglio in fricassea

PER 4 PERSONE

- 1 coniglio pulito di circa Kg 1
- Burro: g 50
- 1 cipolla
- Rosmarino
- 1 bicchiere di vino bianco
- 1 cucchiaino di farina bianca
- Poco brodo
- 2 rossi d'uovo
- 1 limone
- Olio d'oliva
- Sale e pepe

Dividete il coniglio (senza testa e zampe) in 12 pezzi: le cosce divise in 2, 2 spalle e il busto in 6 parti.

In una casseruola, fate rosolare in 6 cucchiai d'olio e nel burro, un trito di cipolla e poche foglioline di rosmarino.

Appena appassisce unite i pezzi di coniglio e fateli cuocere per qualche minuto a fuoco vivace.

Bagnate con il vino, salate, pepate e fate cuocere piano, per circa mezz'ora, bagnando con poco brodo caldo man mano che occorre, alla fine addensate la salsa con un cucchiaino di farina.

In una zuppiera sbattete insieme i rossi d'uovo, il succo di un limone e un paio di cucchiai di brodo, quindi versate la salsa sul coniglio.

Spegnete il fuoco, girate bene e servite subito ben caldo e cremoso.

Fagiano alla senese

PER 4 PERSONE

- 1 fagiano o una fagianella di circa Kg 1
- Polpa di maiale macinata: g 100
- Polpa di vitella macinata: g 100
- Burro: g 50
- Mollica di pane
- Spezie (cannella, noce moscata, chiodi di garofano)
- Alloro
- 1 bicchiere di vino rosso
- Olio d'oliva
- Sale e pepe

Spiumate, fiammeggiate, lavate e asciugate il fagiano già frollato e sventrato.

In una terrina preparate un impasto con le 2 carni, il fegatino del fagiano tritato, il burro, un pugno di mollica di pane bagnata nel vino, sale, pepe e un profumo di cannella in polvere, noce moscata e un paio di chiodi di garofano pestati.

Farcite il fagiano, quindi legatelo in modo che resti chiuso e in forma durante la cottura. Mettetelo in una teglia con un filo d'olio e qualche foglia d'alloro, poi cuocetelo in forno medio per circa mezz'ora.

Bagnate con un bicchiere di vino e proseguite la cottura per altri 30 minuti cospargendo spesso con il sughetto di cottura.

Servitelo tagliato in quarti con il ripieno come contorno.

Fegatelli della Garfagnana o "del mi pa'"

PER 4 PERSONE

- Fegato di maiale: circa g 500
- Rete di maiale: circa g 250
- 1 spicchio d'aglio
- 4 foglie di salvia
- 3 cucchiai di pangrattato
- 1 cucchiaino di semi di finocchio (meglio se selvatico)
- Alloro
- ½ bicchiere di vino bianco
- Olio d'oliva
- Sale e pepe

Tritate finemente l'aglio e la salvia, quindi unite i semi finocchio pestati, il pangrattato, sale, e pepe; mescolate bene il tutto.

Tagliate il fegato a pezzi non troppo grossi (grandi più o meno come un uovo) e rotolateli nel condimento.

Avvolgeteli quindi nella rete di maiale che avrete messo a mollo in acqua calda per farla aprire meglio.

Chiudete bene la rete e infilate i fegatelli su degli spiedini (ideali sarebbero dei rami di alloro senza corteccia) alternandoli con delle foglie d'alloro. Infilatene 2 per ogni spiedino.

Metteteli in un tegame con 5 cucchiai d'olio e fateli cuocere a fuoco vivace per circa un quarto d'ora, alla fine bagnate con mezzo bicchiere di vino bianco e appena sarà ritirato serviteli subito. Si possono cuocere anche in forno.

*Si servono con un contorno di **fagioli bianchi** lessi saltati nell'olio di cottura dei fegatelli o con dei rapini lessati e passati anch'essi nella salsa dei fegatelli.*

NORGE
LED ZEPPELIN TRIBUTE BAND
NORGE
MERCOLEDI' 6 NOVEMBRE
ORE 21.00
FEATURING:
• STRINGS OF JOY
• LIVIO GUARDI E PIETRO SABATINI
• DARIO CECCHINI E CLAUDIO GIOVAGNOLI
PREVENDITE ON LINE:
www.obihall.it
infoline: 055.6504112
OBI HaLL
TEATRO DI FIRENZE
VIA FABRIZIO DE ANDRE' ANGOLO LUNGARNO ALDO MORO
LA CASA DI PANDORA
Home & Garden
PREVENDITE:
BIGLIETTERIA DEL TEATRO
BOX OFFICE Via delle Vecchie Carceri, 1 - Firenze
CIRCUITO REGIONALE BOX OFFICE
OBI
BANCA CR FIRENZE
unicoopfirenze
SAMMONTANA
Findomestic
Coca-Cola
Heineken
ORANFRIZER
inpa
LE CHIANTIGIANE

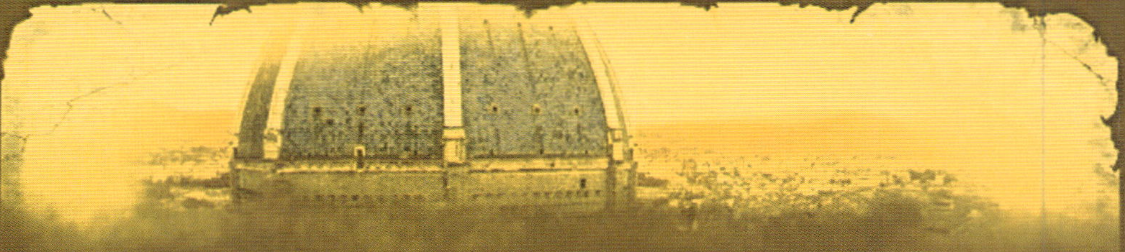

COLLEZIONARE A FIRENZE

ARTIGIANARTE

MOSTRA MERCATO DI NATALE

ANTIQUARIATO - ARTIGIANATO

Curiosità cartacee e...non solo

sabato - domenica

16 e 17 novembre 2013

OBI HaLL

TEATRO DI FIRENZE

Via Fabrizio De Andrè angolo Lungarno Aldo Moro
Firenze - Uscita Firenze sud

dalle ore 10 alle ore 19.00

INGRESSO 3,00 EURO RIDOTTO 2,00 EURO

Il presente tagliando da' diritto al ritiro di un biglietto ridotto presso la cassa del teatro

MERCATOTENDA Tel/Fax 055.8979756 - Cell. 348.3396638

Filetto al vino rosso

PER 4 PERSONE

- 4 fette di filetto di circa g 200 l'una
- 2 bicchieri di buon vino rosso
- 1 dado da brodo di carne
- Rosmarino
- 1 cucchiaio di farina
- Alloro
- Olio d'oliva
- Pepe nero in grani

Preparate la salsa al vino mettendo, tutto insieme, in una padella, il vino, il dado, un rametto di rosmarino, 1 foglia di alloro, 4 cucchiai d'olio e un cucchiaio di farina sciolta in poca acqua tiepida.

Cuocete lentamente, sempre girando, in modo da ottenere una bella salsa cremosa.

Cuocete i filetti a parte, in padella antiaderente senza condimento o alla griglia o alla piastra, per 5 minuti circa da ambo i lati; devono restare al sangue.

Metteteli nella salsa, fate insaporire a fuoco vivace per un attimo e serviteli cosparsi con del pepe appena macinato.

Francesina o stiracchio

PER 4 PERSONE

- Lesso avanzato: circa g 400
- 2 spicchi d'aglio
- Salvia
- Cipolle: circa g 800
- Pomodori pelati: g 400
- Farina
- Olio d'oliva
- Sale e pepe

In un tegame fate rosolare, in 8 cucchiai d'olio, gli agli interi e qualche fogliolina di salvia.

Appena accennano a prendere colore unite le cipolle pulite e tagliate a fettine.

Unite subito anche i pomodori, salate, pepate e fate cuocere, a recipiente scoperto, per circa mezz'ora.

Tagliate il lesso a fette (o a tocchetti), infarinatele leggermente e mettetele nella salsa di cipolle.

Fate cuocere insieme per circa mezz'ora con il coperchio; servitelo caldo, ma non bollente. È ottimo anche riscaldato.

Gallina ripiena

PER 4 PERSONE

- 1 gallina
- Carne macinata fine: g 200
- Burro: g 50
- Mortadella: g 100
- 2 uova
- 1 pugno di mollica di pane
- 2 cucchiai di parmigiano o pecorino grattati
- 1 spicchio d'aglio
- Prezzemolo
- Odori (cipolla, carota, sedano)
- Noce moscata
- Timo o pepolino
- Sale e pepe

Rosolate nel burro la carne macinata, quindi mettetela in una zuppiera e amalgamatela con la mortadella tritata fine.

Unite anche le uova, la mollica bagnata con acqua, il formaggio, un trito fine di aglio e prezzemolo, un po' di pepolino, un profumo di noce moscata, sale e pepe. Mescolate bene in modo da avere un composto liscio e omogeneo.

Pulite la gallina sventrata, fiammeggiatela, lavatela e asciugatela, quindi riempitela con la farcia (fate attenzione a non farla troppo piena perché il composto durante la cottura aumenta di volume) e cucitela con del filo bianco.

Mettetela in una pentola dove avrete messo a bollire abbondante acqua salata con la cipolla, la carota e il sedano.

Fate cuocere pianissimo per circa 2 ore. Quando è cotta spegnete il fuoco e aspettate una decina di minuti.

Servite la gallina tagliata a quarti e il ripieno tagliato a fette.

Involtini di verza

PER 4 PERSONE

- 1 cavolo verzotto
- Polpa di vitello macinato: g 400
- 2 uova
- 2 cucchiai di pangrattato
- 3 cucchiai di parmigiano grattato
- 1 spicchio d'aglio
- Noce moscata
- ½ cipolla
- Pomodori pelati: g 300
- Olio d'oliva
- Sale e pepe

In una terrina amalgamate la carne macinata, le uova, il pangrattato, il parmigiano, l'aglio tritato, un profumo di noce moscata, sale e pepe.

Scottate un attimo in acqua bollente salata le foglie più belle del cavolo verza, scolatele con il mestolo forato e stendetele su un canovaccio.

Mettete al centro di ogni foglia un cucchiaio della farcia che avete preparato, arrotolatele tipo involtino e legatele con filo bianco (calcolatene 2 a testa).

Tagliate a fette fini la cipolla e mettetela sul fondo di un tegame, accomodateci sopra gli involtini e cospargeteli con i pomodori spezzettati, 8 cucchiai d'olio, sale e pepe.

Coprite il tegame e cuocete a fuoco basso per circa mezz'ora, facendo attenzione che non si attacchino. Quando la salsa sarà pronta, eliminate il filo e serviteli non troppo bollenti. Sono buoni anche freddi.

Lampredotto in bianco

PER 4 PERSONE

- Lampredotto (parte scura della trippa, abomaso) già pulito e bollito: g 600
- Odori (cipolla, carota, aglio)
- 3 bicchieri di vino bianco
- Alloro
- Salvia
- Olio d'oliva
- Sale e pepe in grani
- Parmigiano grattato

Tritate finemente gli odori e fateli appassire con 6 cucchiai d'olio, prima che prendano colore unite il lampredotto tagliato a striscioline.

Fate insaporire per qualche minuto e poi bagnate con il vino, unite un po' di alloro e di salvia, salate, pepate e cuocete piano, coperto, finché il vino non si sarà ritirato completamente.

Attendete qualche minuto prima di servirlo con del parmigiano e del pepe appena macinato.

*Se al posto del vino mettete 400 g di pomodori e 400 g di bietola a listerelle, otterrete un ottimo "**lampredotto in zimino**".*

Lepre alla paesana

PER 4 PERSONE

- Mezza lepre (circa Kg 1,5)
- Odori (cipolla, carota, sedano)
- Alloro
- 2 spicchi d'aglio
- Cannella
- Noce moscata
- 1 bottiglia di vino rosso
- 1 cipolla
- Pancetta: g 50
- 1 cucchiaio di farina
- Olio d'oliva
- Sale e pepe

Tagliate la lepre in 8 pezzi e metteteli in una zuppiera con gli odori tagliati a fettine, qualche foglia di alloro, gli agli, un po' di cannella e un profumo di noce moscata.

Salate, pepate e coprite il tutto con del buon vino rosso, lasciate quindi a marinare per tutta la notte in un luogo fresco.

In un tegame fate rosolare, in 8 cucchiai d'olio, una cipolla tritata con la pancetta a dadini, quindi unite i pezzi di lepre scolati dalla marinata.

Fateli colorire per una decina di minuti, quindi spolverate con la farina e proseguite la cottura per circa un'ora bagnando, di tanto in tanto, con il vino della marinata.

Alla fine aggiustate di sale e fate in modo che la lepre sia ben cotta e con un sughetto ben cremoso.

Lingua in dolceforte

PER 4 PERSONE

- 1 lingua di vitello di circa g 800
- Odori (2 cipolle, 2 carote, 2 gambi di sedano)
- 1 cucchiaio di farina
- 1 bicchiere di aceto
- 1 cucchiaino di zucchero
- 2 cucchiai di pinoli
- Cioccolato fondente: g 100
- Olio d'oliva
- Sale e pepe

Lessate la lingua in acqua calda salata alla quale avrete aggiunto una cipolla, una carota e un gambo di sedano. Cuocete piano per circa 2 ore finché la lingua non sarà ben cotta.

Lasciatela freddare nel suo brodo di cottura, poi spellatela e tagliatela a fette non troppo fini (circa 7 mm).

In un tegame fate rosolare, in 6 cucchiai d'olio, un trito fine di cipolla, carota e sedano, cospargete con la farina e fate appassire pianissimo e a lungo.

Nel frattempo preparate il "dolceforte" mescolando in una zuppierina l'aceto, un bicchiere d'acqua, zucchero, sale, i pinoli e il cioccolato a scaglie o grattato. Versate il tutto nel tegame e fate cuocere per circa 10 minuti.

Unite quindi le fette di lingua e tenete sul fuoco finché la salsa non sarà diventata ben cremosa (ci vorranno circa 10 minuti).

Non servite subito, aspettate qualche minuto, o meglio lasciate raffreddare e poi riscaldate prima di portare in tavola.

Con la stessa salsa dolceforte si preparano la ***lepre*** *e il* ***cinghiale****.*

Muscoli alla marinara

PER 4 PERSONE

- Cozze o muscoli: circa Kg 1,5
- 1 cipolla
- 1 carota
- 2 spicchi d'aglio
- Alloro
- Prezzemolo
- 1 bicchiere di vino bianco
- Olio d'oliva
- Sale e pepe
- Pane casalingo toscano

Pulite i muscoli come di consueto raschiandoli, lavandoli ed eliminando il "baffo".

In una teglia mettete la cipolla e la carota tagliate a fettine, 2 spicchi d'aglio interi, un paio di foglie d'alloro, un ciuffo di prezzemolo, 4 cucchiai d'olio, il vino, sale e pepe.

Mettete su fuoco vivace e aggiungete i muscoli ben lavati.

Fateli aprire tutti (eliminate quelli che eventualmente restassero chiusi) e lasciate evaporare un po' di liquido, poi eliminate le parti di guscio vuote.

In un vassoio tenuto in caldo fate un letto di fette di pane abbrustolite e, volendo, agliate.

Su queste ponete i muscoli con il mollusco in alto e versateci sopra il sughetto bollente passato da un colino fitto.

Servite subito con prezzemolo tritato e un po' di pepe.

Ossibuchi alla Toscana

PER 4 PERSONE

- 4 ossibuchi di vitello alti circa 4-5 cm
- 1 cipolla piccola
- Timo (o alloro o salvia)
- Farina
- ½ bicchiere di vino bianco
- 2 cucchiai di conserva (concentrato di pomodoro)
- ¼ litro di brodo
- Olio d'oliva
- Sale e pepe

Togliete la pelle intorno agli ossibuchi e praticate intorno delle incisioni, poi batteteli leggermente.

In una teglia mettete la cipolla a fettine sottili, qualche fogliolina di timo (o di alloro, o di salvia), 6 cucchiai d'olio e gli ossibuchi infarinati poco.

Mettete sul fuoco e fate rosolare piano, girando gli ossibuchi in modo da farli colorire, poi bagnate con il vino e fatelo ritirare.

A questo punto unite il brodo nel quale avrete sciolto la conserva di pomodoro (potete usare anche 400 g di pelati al posto del brodo e del concentrato).

Salate, pepate e fate cuocere piano, coperto, finché tutto il liquido non sarà ritirato e si sarà formata una bella salsa spessa. Gli ossibuchi dovranno essere morbidissimi.

Peposo alla fornacina

PER 4 PERSONE

- Muscolo di vitellone (con venature di grasso e callosità): g 800
- 12 spicchi d'aglio
- 2 bicchieri di vino rosso
- Sale e pepe nero

Tagliate il muscolo a spezzatino, facendo dei pezzi non troppo piccoli.

Metteteli in una pirofila con gli agli interi, il vino, sale e un bel cucchiaio colmo di ottimo pepe nero.

Aggiungete acqua calda in modo da coprire a filo la carne e mettete in forno medio (160°C).

Fate cuocere lentamente, mescolando ogni tanto, per circa 2 ore, se necessario aggiungete altra acqua calda (volendo potete cuocerlo anche in un tegame con il coperchio).

Alla fine il peposo dovrà risultare ben ritirato, cremoso e morbidissimo. Volendo servitelo su delle fette di pane abbrustolite e cosparso con altro pepe.

La ricetta tradizionale non vuole olio, ma se la carne fosse piuttosto magra, senza callosità e grasso, unite pure 4 cucchiai d'olio, ma non di più. Alcuni mettono anche dei grani di pepe nero interi e un cucchiaio di conserva di pomodoro.

Piccioni in salmì

PER 4 PERSONE

- 2 piccioni medi o 4 piccoli
- Odori (cipolla, carota, sedano)
- Rosmarino
- Salvia
- 1 bicchiere di vino bianco
- 1 bicchiere di brodo
- Olio d'oliva
- Sale e pepe

Pulite i piccioni, spiumateli, svuotateli (conservate il fegato, il cuore e lo stomaco), eliminate collo, zampe e punte delle ali. Fiammeggiateli, lavateli, asciugateli e tagliateli in quarti.

In una casseruola fate rosolare, in 6 cucchiai d'olio, un trito di cipolla, carota, sedano, salvia e rosmarino, fatelo appassire, quindi unite i pezzi di piccione.

Fateli colorire bene, girandoli da tutte le parti, poi bagnate con un bicchiere di vino. Salate, pepate e fate cuocere per circa mezz'ora a tegame coperto.

Togliete i piccioni dal recipiente e aggiungete le interiora ben pulite, fate cuocere per alcuni minuti, poi tritate il tutto finemente e rimettete il tutto nel tegame aggiungendo anche i pezzi di piccione.

Bagnate con il brodo e fate amalgamare bene. Potete servire questi squisiti piccioni su fette di pane abbrustolite.

Pollo agli aromi

PER 4 PERSONE

- 1 pollo pulito di circa Kg 1
- 1 cipolla
- Salvia
- 1 bicchiere di vino bianco
- 2 spicchi d'aglio
- Rosmarino
- 2 cucchiai d'aceto
- Olio d'oliva
- Sale e pepe

Tagliate il pollo in 14 piccoli pezzi: 2 cosce, 2 ali, le 2 anche divise in 2, i 2 petti divisi in 2 pezzi e la schiena divisa in 2.

In una casseruola fate rosolare, in 6 cucchiai d'olio, un trito di cipolla e salvia, fatela appassire, poi unite i pezzi di pollo.

Salate, pepate e fate colorire per una decina di minuti, poi bagnate con il vino.

Continuate a cuocere su fuoco lento, finché il pollo non sarà ben cotto (se necessario bagnate con poco brodo caldo).

Un attimo prima di togliere dal fuoco unite un trito fine di aglio e rosmarino e l'aceto.

Fate ritirare per un paio di minuti a fuoco vivace e servite subito.

Pollo alla cacciatora

PER 4 PERSONE

- 1 pollo pulito di circa Kg 1
- 1 cipolla
- 1 spicchio d'aglio
- Salvia
- ½ bicchiere di vino bianco
- Pomodori pelati: g 400
- Olio d'oliva
- Sale e pepe

Tagliate il pollo a pezzi piccoli, fatene 14: 2 cosce, 2 ali, le 2 anche divise in 2, i 2 petti divisi in 2 pezzi e la schiena divisa in 2.

In una casseruola fate rosolare, in 6 cucchiai d'olio, un trito di cipolla, aglio e salvia.

Appena il battuto appassisce unite i pezzi di pollo e fateli colorire da tutte le parti per una decina di minuti.

Bagnate poi con il vino e fatelo ritirare a fuoco vivace, unite i pomodori, salate, pepate e continuate la cottura a tegame coperto. La salsa dovrà essere ben addensata.

Polpette alla pratese

PER 4 PERSONE

- 2 grosse patate
- Fettine di vitello: g 200
- Burro: g 50
- Pancetta: g 100
- 4 uova
- 2 cucchiai di uvetta, di pinoli, di gherigli di noce
- Prezzemolo
- Farina
- Pangrattato
- Olio d'oliva
- Sale e pepe
- Olio per friggere
- Sugo di carne toscano (circa 1 tazza)

Lessate le patate, sbucciatele e schiacciatele ancora calde.

Rosolate le fettine di vitello in una padella con il burro, quindi tritatele finemente sul tagliere insieme alla pancetta.

In una terrina amalgamate le patate, la carne, 2 uova, il prezzemolo tritato, l'uvetta ammollata, i pinoli e le noci tritate.

Salate, pepate, rimestate bene e con le mani fate delle normali polpette non troppo grandi.

Passatele nella farina, nelle uova restanti e nel pangrattato.

Friggetele in olio caldo e, come completamento, mettetele a insaporirsi in un normale sugo di carne.

Polpette di filetto al pomodoro

PER 4 PERSONE

- Filetto di vitellone: g 400
- 2 uova
- Prezzemolo
- ½ limone
- 3 cucchiai di parmigiano grattato
- 2 cucchiai di pangrattato
- Noce moscata
- Farina
- Pomodori pelati: g 400
- Olio d'oliva
- Sale e pepe

Con una coltella tritate finemente il filetto (se non ve la sentite di fare quest'operazione usate la carne macinata, ma il risultato non sarà lo stesso, semmai provate con un tritatutto a lama rotante o fatelo battere dal macellaio).

In una zuppiera mescolate insieme la carne, le uova, il prezzemolo tritato, poca scorza di limone grattata, il formaggio, il pangrattato, sale, pepe e un profumo di noce moscata.

Rimestate bene e fate con le mani 8 polpettine, infarinatele e fatele rosolare in 8 cucchiai d'olio caldo.

Unite i pomodori pelati e tagliuzzati, salate, pepate e fate cuocere piano per circa 20 minuti.

Polpettone alla fiorentina

PER 4 PERSONE

- Carne di vitellone macinata: g 500
- Prosciutto o mortadella: g 80
- 2 uova
- 2 cucchiai di mollica di pane
- 2 cucchiai di parmigiano grattato
- Prezzemolo
- Noce moscata
- Farina
- 1 bicchiere di vino bianco
- Pomodori pelati: g 400
- Olio d'oliva
- Sale e pepe

In una terrina impastate bene la carne, il prosciutto tritato (o la mortadella), le uova, la mollica bagnata nell'acqua, il formaggio, un po' di prezzemolo tritato fine, un profumo di noce moscata, sale e pepe.

Date al composto la forma di un salame, quindi infarinatelo bene e mettetelo in un largo tegame con 8 cucchiai d'olio.

Fatelo colorire da tutte le parti, poi bagnate con il vino e quando sarà ritirato aggiungete i pomodori.

Salate, pepate e fate cuocere, coperto, per circa un'ora.

Lasciatelo intiepidire, quindi tagliatelo a fette e servitelo cosparso con la sua salsa.

Polpi in galera

PER 4 PERSONE

- Polpi di scoglio piccoli: g 800
- 2 spicchi d'aglio
- Prezzemolo
- 1 bicchiere di vino bianco
- Limone
- Olio d'oliva
- Sale e pepe

Pulite bene i polpi eliminando intestini, occhi e becco (se fossero un po' grossi togliete anche la pelle).

Tagliateli a strisce e i tentacoli a pezzetti (se sono veramente piccoli lasciateli interi), lavateli e asciugateli.

In una pentola fate rosolare, in 6 cucchiai d'olio, un trito fine di aglio e prezzemolo, appena l'aglio imbiondisce unite i polpi.

Salate, pepate, bagnate con il vino e coprite subito con un buon coperchio a perfetta tenuta. Lasciate cuocere a fuoco lento per 40 minuti, senza mai scoperchiare.

Alla fine unite un po' di succo di limone e altro prezzemolo tritato. Tenete ancora qualche minuto sul fuoco e servite subito i polpi con la loro salsa.

Rosticciana con le olive

PER 4 PERSONE

- Rosticciana di maiale: circa Kg 1,2
- 2 spicchi d'aglio
- Rosmarino
- Alloro
- Pomodori pelati: g 400
- Olive nere: g 150
- Olio d'oliva
- Sale e pepe

Tagliate la rosticciana (o meglio fatevela tagliare) a metà, in modo da avere delle costole corte, poi dividete le costoline una a una, o due a due, a seconda della loro grossezza.

In una padella capace fate rosolare, in 4 cucchiai d'olio, gli agli interi con del rosmarino e dell'alloro.

Prima che l'aglio colorisca unite la rosticciana e fatela rosolare bene, a fuoco vivace, girandola spesso.

Se la rosticciana fosse molto grassa scolate via quasi tutto l'unto che si sarà raccolto nella padella, poi unite i pomodori.

Salate, pepate e cuocete per circa 40 minuti, finché la carne non sia morbidissima e tenda a staccarsi dall'osso.

Poco prima di togliere dal fuoco, aggiungete le olive e fatele insaporire nel sugo.

Rovelline lucchesi

PER 4 PERSONE

- 4 fettine fini di vitellone di circa g 150 l'una
- 2 spicchi d'aglio
- Salvia
- Rosmarino
- Pomodori pelati: g 400
- 2 uova
- Pangrattato
- 1 cucchiaio di capperi
- Maggiorana o origano
- Olio d'oliva
- Olio per friggere
- Sale e pepe

In una casseruola fate rosolare, in 6 cucchiai d'olio, gli agli interi con foglie di salvia e un rametto di rosmarino.

Appena l'aglio inizia a imbiondire, unite i pomodori, salate, pepate e fate cuocere per circa mezz'ora.

Nel frattempo battete bene le braciole di carne, passatele nelle uova sbattute con poco sale e poi nel pangrattato.

Pressatele bene, scuotete l'eccesso di pangrattato e friggetele in una padella con olio caldo.

Mettetele su un foglio di carta da cucina e appena la salsa è pronta unitele all'intingolo.

Tenetele a cuocere pochi minuti e prima di servire cospargete con un trito fine di capperi e fogliolne di origano o maggiorana.

Scottiglia aretina

PER 8 PERSONE

- Carni miste di vitellone, maiale, coniglio, agnello, anatra o pollo o faraona: circa Kg 2
- Odori (cipolla, carota, sedano)
- Prezzemolo
- Peperoncino
- 2 bicchieri di vino rosso
- Pomodori pelati: g 800
- Brodo
- Sale e pepe
- Pane casalingo toscano

In un tegame molto capiente, fate rosolare a fiamma vivace, senz'olio, tutte le carni tagliate a pezzi piuttosto grossi.

Coprite il tutto con un trito di cipolla, sedano, carota, prezzemolo e peperoncino.

Quando il tutto sarà ben rosolato, bagnate con il vino e fatelo ritirare lentamente.

Aggiungete quindi i pomodori, salate, pepate e cuocete, coperto, per circa 2 ore aggiungendo del brodo man mano che occorre.

Alla fine le carni dovranno essere morbidissime, la polpa si dovrà staccare dagli ossi e il sughetto dovrà essere abbondante.

Servite il tutto, non troppo caldo, su fette di pane abbrustolite.

Per la riuscita del piatto è essenziale che ci sia un bel misto di carni.

Sedani ripieni alla pratese

PER 4 PERSONE

- 8 belle costole di sedano
- 1 cipolla
- Vitello macinato: g 250
- Fegatini di pollo: g 150
- 3 uova
- Parmigiano grattato: g 50
- Farina
- Olio per friggere
- Olio d'oliva
- Sale e pepe
- Sugo di carne toscano (circa 2 tazze)

Prendete le costole bianche di sedani grossi e freschi, pulitele bene togliendo foglie, rametti e fili. Lavatele e scottatele per qualche minuto in acqua bollente salata.

Lasciatele intiepidire, ripassatele una a una togliendo le parti filose e tagliandole in pezzi lunghi circa 10 cm.

In una casseruola fate rosolare, in 6 cucchiai d'olio, la cipolla tritata, i fegatini tritati e la carne macinata. Dopo pochi minuti, togliete dal fuoco, unite 1 uovo, il parmigiano, sale e pepe.

Distribuite il ripieno sopra i sedani e copriteli con l'altra metà delle costole.

Premete leggermente e legateli, senza fare nodi, con del filo bianco in modo che restino interi durante la cottura.

Infarinateli bene e passateli nelle restanti uova sbattute e salate, quindi friggeteli in abbondante olio caldo.

In una teglia mettete abbondante sugo di carne tenuto un po' liquido, aggiungete i sedani e fateli cuocere lentamente finché non avranno tirato il sugo e avranno preso un bel colore rosso vivo. Slegateli prima di servirli.

Seppie all'inferno

PER 4 PERSONE

- Seppie intere: circa g 800
- 2 spicchi d'aglio
- Prezzemolo
- Peperoncino
- Vino bianco
- Patate: g 800
- Olio d'oliva
- Sale

Pulite le seppie eliminando la pelle, l'osso, il becco, gli occhi e gli intestini. Lavatele e asciugatele. Tagliate i cappucci a strisce e i tentacoli in due parti.

In un tegame capace fate rosolare, in 6 cucchiai d'olio, un trito fine di aglio, prezzemolo e peperoncino.

Appena l'aglio imbiondisce unite le seppie, fatele insaporire qualche minuto poi versate del vino bianco fino a coprirle.

Salate e cuocete con un buon coperchio a perfetta tenuta per circa mezz'ora.

Quindi unite le patate pelate e tagliate a grossi tocchi (vanno bene anche le patatine novelle intere), aggiungete poca acqua e tenete sul fuoco finché le patate non saranno cotte.

Stoccafisso alla livornese

PER 4 PERSONE

- Stoccafisso già ammollato: g 800
- Odori (cipolla, carota, sedano, aglio, prezzemolo)
- Pomodori pelati: g 600
- 4 patate medie
- ½ bicchiere di vino bianco o vinsanto secco
- Olio d'oliva
- Sale e pepe

Spellate e diliscate lo stoccafisso. Tagliate la schiena a strisce e la pancia a quadrati di circa 5 cm di lato.

In un tegame fate rosolare, in 6 cucchiai d'olio, un trito di tutti gli odori, quando appassiscono unite i pomodori e fate cuocere per circa 30 minuti.

Aggiungete lo stoccafisso, salate, pepate e tenete sul fuoco per circa un'ora. Girate spesso e bagnate con acqua calda quando occorre.

Passato questo tempo, unite le patate pelate e tagliate a tocchi, bagnate con poca acqua e proseguite la cottura finché le patate non saranno cotte.

In ultimo versate il vino, tenete 5 minuti sul fuoco e servite dopo altri 5 minuti.

*Ricordo che lo stoccafisso è il merluzzo essiccato, mentre il baccalà è sempre il merluzzo, ma conservato sotto sale. Se al posto delle patate usate 800 g di bietole lessate e tritate otterrete un ottimo "**stoccafisso con le biete**" o "**in zimino**".*

Stracotto toscano

PER 6 PERSONE

- Polpa di vitellone (noce, cimalino, scannello): Kg 1,2
- Pancetta: g 80
- 2 spicchi d'aglio
- Odori (cipolla, carota, sedano)
- 2 bicchieri di vino rosso
- Pomodori pelati: g 400
- Poco brodo
- Olio d'oliva
- Sale e pepe

Tagliate la pancetta a bastoncini e rotolateli nel sale e nel pepe, fate delle incisioni nella carne e lardellatela con la pancetta e filetti di aglio.

Legate il pezzo di vitellone in modo che resti in forma durante la cottura.

In un tegame fate rosolare, in 6 cucchiai d'olio, tutti gli odori tagliati a fettine fini e quando appassiscono unite la carne.

Fatela cuocere e colorire da tutte le parti, poi bagnate con il vino e fatelo ritirare.

Unite i pomodori, salate, pepate e coprite con un coperchio a perfetta tenuta.

Cuocete piano per oltre 2 ore, aggiungendo del brodo man mano che occorre e girando spesso.

Alla fine fate intiepidire, slegate la carne, tagliatela a fette e servitela cosparsa con abbondante salsa ben calda.

Triglie alla livornese

PER 4 PERSONE

- 12 triglie di scoglio di circa g 130 l'una
- 2 spicchi d'aglio
- Prezzemolo
- Pomodori pelati: g 400
- Olio d'oliva
- Sale e pepe

In un capace tegame fate rosolare, in 8 cucchiai d'olio, un trito di aglio e prezzemolo, appena inizia a imbiondire aggiungete i pomodori fatti a pezzi.

Salate, pepate e fate cuocere per circa 20 minuti quindi accomodate nella salsa le triglie ben pulite, squamate, ma non sventrate.

Fate cuocere a fuoco moderato per circa 10 minuti senza mai girare le triglie, ma solo muovendo il tegame.

Prima di servirle cospargete con altro prezzemolo tritato e del pepe.

Trippa alla fiorentina

PER 4 PERSONE

- Trippa già cotta (croce e cuffia): g 800
- 1 cipolla
- Pomodori pelati: g 400
- Olio d'oliva
- Sale e pepe
- Parmigiano grattato

Tagliate la trippa (già precotta e morbidissima) in striscioline larghe circa 1 cm.

In una casseruola fate rosolare, in 6 cucchiai d'olio, la cipolla tritata fine e appena appassisce unite la trippa.

Fatela rosolare, girando spesso, per circa 5 minuti, poi unite i pomodori.

Salate, pepate e fate cuocere, con il coperchio, per circa 30 minuti, finché il liquido non si sia ritirato, lasciando alla trippa una consistenza cremosa.

Spegnete il fuoco, spolverate con 2 cucchiai di parmigiano, girate e lasciate riposare per 5 minuti.

Servitela cosparsa con altro parmigiano e del pepe.

Preparate la trippa con largo anticipo, perché è più buona se gustata qualche ora dopo, riscaldata.

Contorni e frittate

Carciofi ripieni

PER 4 PERSONE

- 4 grossi carciofi (mamme)
- Carne di vitello macinata: g 100
- Pancetta: g 50
- 2 fegatini di pollo
- 1 pugno di mollica di pane
- 1 uovo
- Prezzemolo
- Noce moscata
- 1 tazza di brodo
- Olio d'oliva
- Sale e pepe

Eliminate le foglie più dure dei carciofi e con un coltellino cercate di togliere un po' di cuore con il "fieno", tagliateli alla base in modo che stiano in piedi, ma conservate circa 5 cm di gambo.

Preparate il ripieno mescolando i gambi puliti e tritati con la carne macinata, la pancetta e i fegatini tritati, la mollica bagnata nell'acqua o nel latte, l'uovo, 4 cucchiai d'olio, noce moscata, poco prezzemolo tritato, sale e pepe.

Amalgamate bene il composto e quindi farcite i carciofi, metteteli in una teglia, salateli, irrorate con 8 cucchiai d'olio e bagnate con il brodo.

Cuoceteli in forno medio (180°C) per circa 45 minuti, bagnandoli spesso con il sughetto di cottura.

Cardi trippati

PER 4 PERSONE

- Cardi (gobbi) per circa g 800
- 2 limoni
- Farina
- Burro: g 80
- 2 spicchi d'aglio
- ½ bicchiere di brodo
- Sale e pepe
- Parmigiano grattato

Pulite i cardi eliminando il torsolo, le foglie in alto e i gambi più duri, tagliateli a pezzi lunghi circa 7 cm e con un coltellino raschiateli e togliete la parte filosa.
Man mano che sono pronti buttateli in acqua con succo di limone per non farli annerire.

In una pentola impastate un paio di cucchiai di farina con poca acqua, quindi aggiungete circa 2 litri d'acqua, il succo di un limone e il sale, portate a ebollizione, aggiungete i cardi e fateli cuocere piano per circa 40 minuti.

Scolateli, fateli freddare, poi infarinateli e fateli rosolare in una padella con il burro e gli agli interi.

Dopo che si saranno insaporiti per qualche minuto, bagnate con il brodo, salate, pepate e quando si sarà ritirato spolverate con abbondante formaggio e servite subito.

Cipollata della Lunigiana

PER 4 PERSONE

- Cipolline fresche o cipolle bianche: g 600
- 1 spicchio d'aglio
- Prezzemolo
- 6 uova
- 4 cucchiai di parmigiano grattato
- Olio d'oliva
- Sale e pepe

In una padella fate rosolare, in 8 cucchiai d'olio, un trito di aglio e prezzemolo.

Appena l'aglio accenna a prendere colore unite le cipolline pulite e tagliate a fettine sottili.

Fatele rosolare per circa 10 minuti poi unite le uova sbattute con il parmigiano, sale e pepe.

Mescolate bene e poi cuocete come una normale frittata, girandola a metà cottura.

Cipolle ripiene

PER 4 PERSONE

- 4 cipolle grosse
- Bietola lessata: g 200
- Mortadella: g 50
- 2 uova
- 3 cucchiai di pangrattato
- 4 cucchiai di parmigiano grattato
- Pomodori pelati: g 300
- Olio d'oliva
- Sale e pepe

Pulite le cipolle e sbollentatele in acqua calda salata per circa un quarto d'ora, fatele freddare quindi tagliatele a metà (in senso orizzontale) e svuotatele al centro.

Tritate la polpa delle cipolle insieme alla mortadella e alla bietola, quindi amalgamate il tutto con le uova, il pangrattato e il parmigiano, 4 cucchiai d'olio, sale e pepe.

Con questo composto riempite le cipolle e accomodatele in una teglia poi cospargetele con i pomodori pelati fatti a pezzi, 6 cucchiai d'olio, sale e pepe.

Passate in forno medio (180°C) per circa 40 minuti.

Al posto dei pomodori si può usare poco brodo, se si preferisce una cottura "in bianco".

Fagioli al fiasco

PER 4 PERSONE

- Fagioli secchi piccoli: g 300
- 2 spicchi d'aglio
- Salvia
- Olio d'oliva
- Sale e pepe

Mettete i fagioli, precedentemente ammollati per una notte, in un fiasco spagliato.

Aggiungete 8 cucchiai d'olio, gli agli interi con la buccia, qualche fogliolina di salvia, sale e pepe.

Versate dell'acqua appena tiepida fino a riempire il fiasco a tre quarti.

Tappate con stoppa o cotone idrofilo ben pressato e legato (non tappate con il sughero) e mettete il fiasco su un mucchietto di cenere mista a brace davanti al fuoco del camino. Durante la cottura, che sarà lunghissima, girate il fiasco in modo che riceva il calore da tutte le parti.

Quando saranno cotti e il liquido si sarà tutto ritirato, versateli in una zuppiera e conditeli con un filo d'olio e altro pepe.

In mancanza del caminetto potete mettere il fiasco in una pentola con un canovaccio e acqua calda, per una lenta cottura a bagnomaria.
Ci sono dei fiaschi appositi per la cottura dei fagioli (con bocca larga) perché i normali fagioli cannellini cuocendo ingrossano e non escono dal collo del fiasco. Sono quindi ideali i fagioli piccoli tipo **Sorana** *o* **Zolfino del Pratomagno**.

Fagioli all'uccelletto

PER 4 PERSONE

- Fagioli cannellini secchi: g 300
- Pomodori pelati: g 300
- 2 spicchi d'aglio
- Salvia
- Olio d'oliva
- Sale e pepe

Lessate i fagioli, precedentemente ammollati per una notte, su fuoco bassissimo e lasciateli intiepidire nell'acqua di cottura.

In una padella fate rosolare, in 6 cucchiai d'olio, gli agli schiacciati con la buccia e qualche fogliolina di salvia.

Prima che l'aglio prenda colore aggiungete i fagioli scolati e ancora tiepidi.

Salate, pepate e fateli insaporire per qualche minuto.

Infine unite i pomodori e fate cuocere lentamente per circa mezz'ora, girando con un mestolo di legno. Alla fine i fagioli dovranno essere densi, ma non sfatti.

Fagiolini in umido

PER 4 PERSONE

- Fagiolini verdi in erba: g 800
- Pomodori pelati: g 400
- 1 cipolla
- 1 carota
- Olio d'oliva
- Sale e pepe

Pulite i fagiolini spuntandoli con le mani, lavateli bene e ancora grondanti d'acqua metteteli in un tegame molto capace.

Aggiungete la cipolla e la carota tagliate a fettine fini, i pomodori spezzettati, 8 cucchiai d'olio, sale e pepe.

Coprite il recipiente e cuocete a fuoco medio, per circa tre quarti d'ora, girando spesso (non aggiungete acqua). Alla fine i fagiolini dovranno essere morbidi e il liquido tutto ritirato.

*I fagiolini in umido sono squisiti, consiglio di provare anche con gli "**stortini**" (fagiolini bianchi a forma di arco) e, se li trovate, con i **fagiolini di S. Anna** (più lunghi, verde scuro) o con le "**stringhe**" o "**serpenti**" (molto lunghi e nodosi).*
*Particolarmente diffusi in Lucchesia sono i "**fagiolini stortini rifatti col pollo**": prima si fa rosolare il pollo a pezzi nell'olio e in poco aglio, poi si porta a cottura con vino bianco o brodo; si toglie il pollo e nello stesso tegame si cuociono i fagiolini come indicato, alla fine, dieci minuti prima di servire, unite il pollo ai fagiolini.*

Frissoglia

PER 6 PERSONE

- 4 zucchini
- 8 fiori di zucca
- Fagiolini verdi: g 200
- 1 mazzetto di bietola in foglia
- 4 pomodori da insalata
- 2 cipolline fresche
- Olio d'oliva
- Sale e pepe

Lavate e pulite tutte le verdure, quindi tagliate gli zucchini a rotelle, i fiori a strisce, i fagiolini a metà, la bietola a listerelle, le cipolline e i pomodori, senza i semi, a fette.

Mettete tutti gli ingredienti a freddo in una padella con 10 cucchiai d'olio.

Salate, pepate e cuocete a gran fuoco, senza aggiungere acqua. Servite appena i fagiolini sono cotti al dente.

Frittata all'aretina

PER 4 PERSONE

- 6 uova
- 1 cucchiaio di farina
- 4 cucchiai di latte
- Odori (cipolla, sedano, carota)
- Pomodori pelati: g 400
- Prezzemolo tritato
- Olio d'oliva
- Sale e pepe

Sbattete le uova con la farina, poco sale e il latte.

Scaldate un paio di cucchiai d'olio in una padella di circa 24 cm di diametro e fate una normale frittata, cuocendola da entrambe le parti (deve risultare alta circa 1 cm). Lasciatela intiepidire e tagliatela a quadrati.

Nella stessa padella fate rosolare, in 6 cucchiai d'olio, il battuto fine degli odori, appena appassisce unite i pomodori, salate, pepate e fateli cuocere per circa 20 minuti.

Aggiungete i quadrati di frittata, fateli insaporire per 5 minuti, cospargete con del prezzemolo tritato e servite subito.

Frittata alla campagnola

PER 4 PERSONE

- ½ cipolla bianca
- 2 pomodori da insalata
- 2 zucchini
- Farina
- 6 uova
- Olio d'oliva
- Sale e pepe

Pulite la cipolla e tagliatela a fettine. Tagliate i pomodori a fette alte circa ½ cm ed eliminate i semi. Fate a fettine gli zucchini.

Infarinate leggermente le fette di pomodoro e fatele friggere in una padella con poco olio, giratele e, quando sono cotte, toglietele e mettetele da parte.

Nella stessa padella fate rosolare, con 6 cucchiai d'olio, le cipolle e gli zucchini, fate colorire a fuoco vivace, salate e pepate.

In una zuppiera sbattete le uova con un po' di sale e un goccio d'acqua o di latte, quindi unite le cipolle e gli zucchini.

Rimettete i pomodori nella padella e versateci sopra le uova con le verdure. Cuocete questa gustosa frittata da entrambe le parti.

Funghi e patate al forno

PER 4 PERSONE

- Funghi porcini freschi: g 300
- 2 spicchi d'aglio
- Prezzemolo
- Patate: g 500
- ½ bicchiere di vino bianco
- Olio d'oliva
- Sale e pepe

Pulite, lavate e tagliate a fette le cappelle dei funghi e tritate grossolanamente i gambi.

In una padella fate rosolare, in 8 cucchiai d'olio, un trito fine di aglio e prezzemolo.

Prima che l'aglio prenda colore unite i gambi, salate, pepate e fate cuocere piano per una decina di minuti.

Sbucciate le patate e tagliatele a fette alte circa ½ cm e mettetele in una teglia leggermente unta d'olio.

Coprite le patate con i funghi rosolati, fate un altro strato di fette di patata e terminate con le cappelle di fungo a fettine.

Salate, pepate, cospargete con del prezzemolo (o se l'avete con della nepitella).

Bagnate con il vino, irrorate con 8 cucchiai d'olio e cuocete in forno caldo (200°C) per circa 40 minuti.

Gurguglione dell'Elba

PER 6 PERSONE

- 2 peperoni
- 1 melanzana media
- 4 zucchini
- 1 cipolla bianca o ramata
- Pomodori pelati: g 400
- Prezzemolo
- Basilico
- Olio d'oliva
- Sale e pepe

Tagliate i peperoni in quarti, puliteli ed eliminate i semi; lavate le melanzane e gli zucchini e tagliateli a pezzi piuttosto grossi; pulite e tagliate la cipolla a fette.

Mettete tutte le verdure così preparate in una padella molto grande, aggiungete i pomodori pelati e spezzettati, il prezzemolo e il basilico tritati, sale e pepe.

Versate mezzo bicchiere d'olio e cuocete a fuoco vivace per una decina di minuti.

Abbassate il fuoco, coprite e cuocete adagio finché il tutto risulti ben cotto e ritirato.

Patate ripiene

PER 4 PERSONE

- 4 belle patate medie (a polpa bianca)
- Mortadella tritata: g 100
- Burro: g 80
- 1 spicchio d'aglio
- Prezzemolo
- Parmigiano grattato: g 60
- 1 uovo
- Pangrattato
- Noce moscata
- Sale e pepe

Lavate le patate e lessatele con la buccia a metà cottura (per circa 20 minuti) in acqua fredda salata; lasciatele intiepidire, quindi svuotatele a metà con un cucchiaino (o meglio con l'apposito strumento).

In un tegame fate rosolare, in 50 g di burro, la mortadella, la polpa di patata che avete tolto, l'aglio intero, poco prezzemolo tritato, noce moscata, sale e pepe.

Fate insaporire per 5 minuti, poi, fuori dal fuoco unite il parmigiano e l'uovo, amalgamate bene e con questo composto farcite le patate.

Accomodatele in una teglia, cospargetele con del pangrattato e su ognuna mettete un fiocchetto di burro.

Mandate in forno caldo (200°C) per circa 20 minuti.

Peperonata del Valdarno

PER 6 PERSONE

- 2 peperoni gialli
- 1 peperone rosso
- 1 cipolla
- 4 pomodori maturi
- 2 patate gialle medie
- 2 zucchini
- Olio d'oliva
- Sale e pepe

Pulite e tagliate i peperoni a listerelle; pulite la cipolla e tagliatela a fettine; tagliate i pomodori a cubetti, pelate e tagliate a tocchetti le patate.

Mettete il tutto in un capace tegame con 8 cucchiai d'olio, salate, pepate e fate cuocere, con il coperchio, per circa 20 minuti, girando spesso.

Alla fine unite anche gli zucchini tagliati a rotelle e portateli a cottura.

Piselli alla fiorentina

PER 4 PERSONE

- Piselli sgranati: g 400 (o circa 1 Kg con il guscio)
- 1 aglietto fresco (o 2 spicchi d'aglio)
- Prezzemolo
- 1 cucchiaino di zucchero
- Pancetta: g 50
- Olio d'oliva
- Sale e pepe

Mettete i piselli sgranati e lavati in una casseruola, aggiungete l'aglietto o gli agli interi con la buccia, un ciuffo di prezzemolo intero, 8 cucchiai d'olio, lo zucchero e un po' di sale e pepe.

Versate un bicchiere d'acqua fredda e fate cuocere lentamente, senza coperchio, finché i piselli non saranno cotti e l'acqua non si sarà ritirata.

Alcuni minuti prima di togliere dal fuoco unite la pancetta tagliata a fettine sottilissime.

Tortino di Carciofi

PER 4 PERSONE

- 8 carciofi
- Farina
- 1 spicchio d'aglio
- 6 uova
- Olio d'oliva
- Sale e pepe in grani
- 1 limone (facoltativo)

Pulite i carciofi eliminando le foglie più dure, le punte, i gambi e il fieno interno.

Tagliateli a fette alte circa ½ cm, infarinatele e rosolatele in una teglia da forno con 6 cucchiai d'olio e l'aglio schiacciato.

Quando saranno ben cotte, rovesciateci sopra le uova leggermente sbattute e salate.

Passate il tutto in forno già caldo finché le uova non siano rapprese (non devono colorire, il tortino deve essere appena cotto).

Prima di gustarlo cospargetelo con del pepe appena macinato (alcuni lo spruzzano con poche gocce di limone).

Ricordate che il tortino non è una frittata: non si gira e si cuoce in forno. Se volete far prima cuocetelo pure in una padella, ma da una parte sola e con il coperchio.

Tuttoinsieme

PER 4 PERSONE

- 2 patate medie
- 4 zucchini medi
- 2 cipolle rosse medie
- Olio d'oliva
- Sale e pepe

Sbucciate le patate e tagliatele a grossi tocchi, tagliate gli zucchini e le cipolle a fette.

Mettete tutte le verdure insieme in una padella capace, unite 8 cucchiai d'olio, salate, pepate e cuocete a fuoco vivo per qualche minuto.

Poi coprite e, girando spesso, continuate a cuocere a fuoco moderato, finché le verdure non siano ben cotte e amalgamate.
Non aggiungete acqua, brodo o pomodoro.

Dolci

Benzone versiliese

PER 8 PERSONE

- Farina bianca 00: g 400
- 4 uova
- Zucchero: g 300
- Burro: g 150
- Uvetta: g 100
- Canditi di cedro e arancia a pezzetti: g 80
- 1 limone e 1 arancia
- ½ bicchiere di latte
- 1 bicchierino di maraschino
- 1 bustina di lievito per dolci
- Sale

Sbattete le uova con lo zucchero (consiglio di usare uno sbattitore elettrico), poi unite il burro fuso, il lievito, il liquore, la scorza di limone e di arancia grattate, i canditi, l'uvetta ammollata e un pizzico di sale.

Mescolate bene e poi unite lentamente la farina e il latte fino a ottenere un impasto liscio e omogeneo.

Imburrate e infarinate (o usate la carta forno) una teglia dai bordi alti e versateci l'impasto.

Cuocete in forno caldo (180°C), per circa 40 minuti.

Berlingozzo di Prato

PER 8 PERSONE

- Farina bianca 00: g 400
- 2 uova + 2 tuorli
- Zucchero: g 200
- 1 bustina di vaniglia
- Olio d'oliva: g 100
- ½ bustina di lievito per dolci
- 1 bicchiere di vinsanto
- 1 arancia
- Sale
- Zucchero a granelli per guarnizione

Sbattete le uova con lo zucchero (consiglio di usare uno sbattitore elettrico), poi unite la vaniglia, l'olio, il lievito, il vinsanto, la scorza grattata e un pizzico di sale.

Mescolate bene e poi unite lentamente la farina fino a ottenere un impasto molto liscio e morbido, aggiungendo un po' di latte freddo se occorre.

Versate il composto in uno stampo per ciambelle (col foro centrale) unto d'olio e infarinato, quindi copritelo con dello zucchero a granelli.

Cuocete in forno a calore medio (180°C) per circa 40 minuti.

Biscotti di farina di Neccio

PER 40 BISCOTTI

- Farina dolce di castagne: g 200
- Farina bianca 00: g 200
- Nocciole tritate: g 100
- Zucchero: g 100
- 2 uova + 1 tuorlo
- 1 cucchiaino di lievito per dolci
- Burro: g 200

Setacciate e mescolate le 2 farine sulla spianatoia, unite il lievito, lo zucchero e le nocciole tritate fini, mescolate ancora molto bene.

Impastate quindi con le uova e il burro morbido, lavorate rapidamente e stendete l'impasto con il matterello dandogli uno spessore di circa ½ cm.

Tagliateli a quadrati di circa 5 cm e metteteli a cuocere in forno caldo (180 °C) per circa 20 minuti.

Biscotti di Prato

PER 40 BISCOTTI

- Farina bianca 00: g 500
- Zucchero: g 300
- Mandorle sgusciate non pelate: g 250
- 3 uova + 3 tuorli
- Burro: g 50
- ½ bustina di lievito per dolci
- 1 bicchierino di vinsanto dolce
- Sale

Mettete la farina sul tavolo e fate la fontana, al centro mettete le uova e 2 tuorli, lo zucchero, il lievito, il burro fuso, il vinsanto e un pizzico di sale.

Lavorate velocemente l'impasto e poi aggiungete le mandorle leggermente tostate e freddate.

Con la pasta fate dei filoncini larghi 5 cm e alti circa ½ cm.

Metteteli su una teglia coperta con della carta da forno ben distanziati, per dargli un bel colore potete spennellarli con un tuorlo e cuoceteli in forno caldo (180°C) per circa 30 minuti.

Toglieteli dal forno e con un coltello tagliateli di traverso ogni centimetro in modo da ottenere i tipici biscottini.

Rimetteteli in forno per una decina di minuti per farli "biscottare".

Buccellato di Lucca

PER 6 PERSONE

- Farina bianca 00: g 400
- Zucchero: g 100
- 2 uova
- Strutto (o burro): g 50
- Lievito di birra: g 20
- Uvetta: g 100
- 1 cucchiaino colmo di semi di anice
- Pasta di pane già lievitata: g 100
- Sale

Impastate la farina con lo zucchero, lo strutto morbido, un uovo intero e un rosso (conservate la chiara), i semi d'anice pestati, il lievito sciolto in una tazza d'acqua tiepida e pizzico di sale.

Lavorate bene ottenendo una specie di pasta da pane, quindi unite l'uvetta ammollata e la pasta di pane già lievitata. Fatene una palla e mettetela lievitare, in luogo tiepido, coperta con un canovaccio.

Con la pasta fate poi dei filoncini o delle ciambelle e con un coltello fate un taglio per il lungo in superficie (facilita la lievitazione) e lasciate riposare ancora per circa un'ora in un luogo tiepido.

Spennellate con la chiara d'uovo sbattuta con sciroppo di zucchero (2 cucchiai d'acqua mescolati a caldo con 2 cucchiai di zucchero) e cuocete in forno medio (180°C) per circa un'ora.

Il buccellato si conserva a lungo, ma diventa molto duro. Si usa così tagliarlo a fette che poi vengono tostate in forno, oppure si inzuppano nel vino rosso e si servono con fragole e zucchero.
*Con il buccellato si prepara anche la "**zuppa lucchese**".*

Budino freddo di Marroni

PER 6 PERSONE

- Castagne o marroni: g 800
- Zucchero: g 150
- 4 uova
- ½ litro di latte
- 2 bicchierini di alchermes
- 1 bicchierino di rum
- 1 bustina di vanillina
- Zucchero caramellato (per lo stampo)

"Castrate" le castagne e abbrustolitele nella classica padella con i fori.

Sbucciatele e fatele bollire nel latte con 2 bicchieri d'acqua e 50 grammi di zucchero, quando cominciano a sfarsi, colatele e passatele al passatutto.

In una zuppiera sbattete insieme le uova, il restante zucchero, i liquori e la vanillina.

Unite il passato di castagne e girate bene in modo da ottenere un impasto omogeneo e piuttosto denso. Se necessario bagnate con poco latte.

Foderate uno stampo con dello zucchero caramellato, versateci l'impasto e cuocetelo in forno caldo (180°C) per circa mezz'ora.

Fatelo freddare e quindi rovesciatelo.

Si possono usare anche delle castagne semplicemente lessate, senza prima arrostirle.

Castagnaccio

PER 6 PERSONE

- Farina dolce di castagne: g 300
- Zibibbo o uvetta: g 50
- Pinoli (sgusciati): g 30
- Noci (sgusciate): g 50
- 1 arancia
- Rosmarino
- 3 cucchiai di zucchero
- Olio d'oliva
- Sale

Setacciate la farina dolce e mettetela in una zuppiera.

Aggiungete lo zucchero, un pizzico di sale, la scorza dell'arancia (senza il bianco) tritata e mezzo litro abbondante d'acqua.

Rimestate bene in modo da ottenere una pastella liquida e senza grumi (consiglio l'uso del mixer a immersione per sciogliere bene la farina) poi aggiungete un paio di cucchiai d'olio e lasciate riposare per circa un'ora.

Ungete una teglia (di circa 25 cm) e versateci la pastella (deve risultare alta poco meno di un dito, non di più).

Cospargete la superficie con foglioline di rosmarino, l'uvetta ammollata, i pinoli e le noci spezzettate.

Irrorate con 4 cucchiai d'olio e cuocete in forno caldo (200°C) per circa 45 minuti.

Si gusta tiepido, anche con ***ricotta fresca*** *di pecora. Anzi una moderna versione prevede di aggiungere circa 200 g di ricotta all'impasto.*

Cenci o chiacchiere o frappole

PER 8 PERSONE

- Farina bianca 00: g 300
- Zucchero: g 50
- Burro: g 50
- 2 uova
- 1 bicchierino di vinsanto dolce
- 1 arancia o limone
- Sale
- Olio per friggere
- Zucchero vanigliato

Impastate la farina con le uova, lo zucchero, il burro fuso (c'è chi usa l'olio d'oliva), il vinsanto, un cucchiaino di scorza d'arancia o di limone e un pizzico di sale.

Lavorate bene in modo da ottenere una sfoglia liscia, fatene una palla e lasciatela riposare per circa mezz'ora, al fresco.

Tirate la sfoglia piuttosto fine (con il matterello o con la macchinetta) e tagliatela (si può usare anche la rotella dentata) a grosse strisce e poi a pezzi irregolari o a losanghe, come preferite.

Friggeteli quindi in abbondante olio caldissimo.

Man mano che sono pronti mettete i cenci su di un foglio di carta da cucina e cospargeteli con zucchero a velo o vanigliato, come preferite. Si gustano sia caldi che freddi col vinsanto.

Formentini
della Garfagnana o Gialletti

PER 8 PERSONE

- Farina bianca 00: g 300
- Farina gialla: g 200
- Zucchero: g 200
- Burro: g 100
- 2 uova
- ½ bustina di lievito per dolci
- arancia
- Poco latte
- Sale

Mescolate bene le 2 farine con il lievito e lo zucchero (lasciatene circa 3 cucchiai) e un pizzico di sale, fate la fontana e al centro mettete le uova, il burro morbido, la scorza e il succo dell'arancia e poco latte.

Impastate bene ma non a lungo quindi tirate la pasta alta circa 3 mm, spolveratela con lo zucchero che avete lasciato e passateci sopra il matterello in modo che lo zucchero affondi nell'impasto.

Tagliatelo a rombi e metteteli su una teglia con della carta forno, quindi cuoceteli per circa un quarto d'ora in forno molto caldo (220°C).

*In Garfagnana il mais viene chiamato "**formentòn**" da cui il nome di questi semplici ma gustosi biscotti.*

Frittelle di Mele

PER 8 PERSONE

- 4 belle mele renette
- Farina bianca 00: g 100
- 1 uovo
- Zucchero: g 100
- ½ bustina di lievito per dolci
- ½ bicchiere di vinsanto (o vino bianco)
- Sale
- Olio d'oliva
- Olio per friggere
- Zucchero per spolverare le frittelle

Preparate una pastella amalgamando in una zuppiera, la farina, l'uovo, il lievito, un pizzico di sale e 2 cucchiai d'olio d'oliva.

Aggiungete il vinsanto (o vino bianco) e acqua in modo da ottenere un composto piuttosto liquido. Fate riposare per almeno mezz'ora.

Sbucciate le mele, eliminate con cura il torsolo con l'apposito attrezzo, e tagliatele a fette orizzontalmente in modo da ottenere degli anelli alti circa 4 mm. Metteteli nella pastella e teneteceli per qualche minuto.

In una padella fate scaldare abbondante olio e friggeteci le mele da entrambe le parti.

Quando le frittelle sono ben dorate mettetele ad asciugare su un foglio di carta da cucina e cospargetele subito con abbondante zucchero.

Frittelle di Neccio con le mele

PER 4 PERSONE

- Farina dolce di castagne: g 250
- ½ bustina di lievito per dolci
- 3 cucchiai di zucchero
- 2 mele renette
- Uvetta: g 50
- Sale
- Olio per friggere

Setacciate la farina e impastatela con ½ litro d'acqua fredda (per ottenere una pastella senza grumi consiglio di usare il mixer a immersione), il lievito, lo zucchero, l'uvetta e un pizzico di sale.

Sbucciate le mele e grattatele a pezzetti grossi con l'apposita grattugia a grossi fori (oppure fatele a fettine sottilissime), quindi unite la polpa così ottenuta alla pastella.

Mescolate bene e lasciate riposare un'oretta.

Friggete le frittelle prendendo l'impasto con il cucchiaio in abbondante olio bollente.

Lo stesso procedimento (senza lievito e senza mele) si usa per le classiche **frittelle di neccio**. *C'è chi usa unire della scorza d'arancia (Pietrasanta) o dei pinoli (Lucca).*

Frittelle di Riso di San Giuseppe

PER 8 PERSONE

- Riso (Originario): g 200
- ½ litro di latte
- 3 cucchiai di zucchero
- Burro: g 30
- 2 cucchiai di farina bianca
- 2 uova
- Uvetta: g 50
- Scorza di limone
- 1 bicchierino di liquore (rum, brandy)
- ½ bustina di lievito per dolci
- Sale
- Olio per friggere
- Zucchero per spolverare le frittelle

Fate bollire il latte con 2 bicchieri d'acqua, 2 cucchiai di zucchero, il burro e un pizzico di sale.

Buttate il riso e fatelo cuocere moltissimo, finché il liquido sarà assorbito. Togliete dal fuoco e fate freddare il tutto.

Unite quindi la farina, i rossi d'uovo, un cucchiaino di scorza di limone grattata, il liquore (va bene anche mezzo bicchiere di vinsanto), il lievito e l'uvetta ammollata.

Fate riposare per un'ora poi, al momento di friggere, incorporate le chiare montate a neve.

Friggete il composto, a cucchiaiate, in una padella con abbondante olio bollente.

Quando le frittelle saranno ben colorite, mettetele ad asciugare su un foglio di carta da cucina e cospargetele con molto zucchero.

Frittelle di Semolino

PER 8 PERSONE

- Semolino: g 200
- ½ litro di latte
- Zucchero: g 50
- 2 cucchiai di farina bianca
- 1 bicchierino di vinsanto o marsala
- Uvetta: g 50
- 3 uova
- Scorza di limone
- ½ bustina di lievito per dolci
- Sale
- Olio per friggere
- Zucchero per spolverare le frittelle

Fate bollire il latte con 2 bicchieri d'acqua, lo zucchero e un pizzico di sale.

Versate il semolino e fatelo cuocere finché il liquido sarà assorbito, togliete dal fuoco e fate freddare il tutto.

Unite quindi la farina, le uova, un cucchiaino di scorza di limone grattata, il vino dolce, il lievito e l'uvetta ammollata.

Friggete il composto, a cucchiaiate, in una padella con abbondante olio bollente.

Quando le frittelle saranno ben colorite, mettetele ad asciugare su un foglio di carta da cucina e cospargetele con molto zucchero a velo o semolato, a piacere.

Consiglio, come variante, di aggiungere (all'impasto di semolino già cotto) una ***mela*** *tagliata a fettine sottili e poi a quadratini.*

Mantovana

PER 8 PERSONE

- 1 uovo + 4 tuorli
- Zucchero: g 150
- Farina bianca 00: g 180
- Burro: g 150
- 1 limone
- Pinoli o mandorle pelate: g 80
- Zucchero a velo vanigliato

In una zuppiera sbattete le uova, poi aggiungete lo zucchero semolato e 50 g di zucchero vanigliato, girate bene (anche con lo sbattitore elettrico), poi, piano piano, incorporate il burro fuso e, sempre mescolando, la farina e la scorza di limone grattata.

Mescolate bene il tutto e versate l'impasto in una teglia di circa 25 cm (deve risultare alto circa 1 dito) imburrata e infarinata (o con carta forno).

Ricoprite la superficie con mandorle pelate e dimezzate per il lungo o con i pinoli e cuocete in forno caldo (180°C) per circa 45 minuti. Si serve spolverando con lo zucchero a velo.

Nonostante il nome, è un dolce toscano già descritto dall'Artusi e ancora tipico di Prato, Lucca e dell'Alta Versilia.

Pandiramerino

PER 6 PERSONE

- Pasta di pane: g 500
- Zibibbo: g 120
- Rosmarino
- 4 cucchiai di zucchero
- Olio d'oliva
- Sale

In un tegamino scaldate 6 cucchiai d'olio con delle fogliolini di rosmarino e lo zibibbo non ammollato, appena l'olio si sarà insaporito, senza friggere, eliminate le fogliolini di rosmarino e fate freddare.

Lavorate la pasta di pane con l'olio al rosmarino, lo zibibbo, delle fogliolini di rosmarino fresco, lo zucchero e un pizzico di sale.

Dividete l'impasto in 6 pagnottelle e mettetele sulla placca del forno infarinata o su della carta da forno.

Incidete la superficie con 2 tagli verticali e 2 tagli orizzontali (tipo graticola) e fate riposare per circa un'ora, in un luogo tiepido.

Spennellate la superficie con dell'olio e fate cuocere in forno caldo (200°C) per circa mezz'ora.

Pandolce

PER 6 PERSONE

- 10 fette di pancarré
- Burro: g 50
- 4 uova
- Zucchero: g 100
- ½ litro di latte
- 1 limone
- Uvetta: g 80

Eliminate la crosta attorno al pane a cassetta, tagliate le fette a metà e fatele tostare leggermente in forno (devono appena colorire), lasciatele intiepidire e imburratele leggermente da entrambe le parti.

In una zuppiera sbattete le uova con lo zucchero, poi versate il latte e mescolate bene il tutto.

Imburrate una pirofila e fate uno strato di fettine di pane, cospargete con poca uvetta ammollata, della scorza di limone grattata e versate un po' del composto che avete preparato.

Fate un altro strato con pane, uvetta e scorza e proseguite così terminando gli ingredienti.

Cuocete in forno medio (160°C) per circa 45 minuti. È buono sia tiepido che freddo.

Pere al vino rosso

PER 4 PERSONE

- 4 pere kaiser
- Zucchero: g 150
- ½ bottiglia di vino rosso
- Cannella in polvere

Sbucciate le pere e con l'apposito attrezzo eliminate il torsolo.

Mettetele in una piccola teglia e cospargetele con lo zucchero, versate quindi il vino e spolveratele con un po' di cannella.

Fatele cuocere a forno moderato (160°C), per circa 40 minuti, bagnandole spesso con il vino di cottura.

Alla fine il vino avrà raggiunto la consistenza di uno sciroppo.

Scarpaccia viareggina

PER 6 PERSONE

- Zucchini (piccoli): g 500
- 1 mazzetto di fiori di zucca
- Farina bianca 00: g 150
- Zucchero: g 150
- 3 uova
- Burro: g 50
- 1 bustina di vanillina
- ½ bicchiere di latte
- Olio d'oliva
- Sale

Tagliate gli zucchini a fettine sottili e i fiori a filetti (eliminate i pistilli) e metteteli in una zuppiera, cospargete con un po' di sale e lasciate il tutto a fare "acqua" per circa un'ora.

Nel frattempo preparate una pastella mettendo in una zuppiera le uova, lo zucchero, la farina, il burro fuso, la vanillina, un pizzico di sale e il latte.

Sciacquate le fettine e i fiori, asciugateli e metteteli nella pastella, girate bene, quindi versate il tutto in una teglia imburrata e infarinata (o con carta forno).

Irrorate con un filo d'olio e cuocete in forno caldo (180°C) per circa un'ora.

*Esiste anche una "***scarpaccia salata***" (tipica di Camaiore) che si prepara allo stesso modo, ma senza lo zucchero (o con un solo cucchiaio di zucchero) e senza la vanillina; in questo caso spesso si aggiunge 1 cipolla bianca a fettine, delle foglie di basilico e del pepe. Comunque sia la scarpaccia deve sempre essere sottile e croccante.*

Schiacciata alla fiorentina

PER 6 PERSONE

- Farina bianca 00: g 350
- Lievito di birra: g 25
- Strutto di maiale: g 80
- Zucchero semolato: g 100
- 1 arancia
- 1 bustina di vanillina
- 2 uova + 2 tuorli
- Sale
- Zucchero vanigliato

Mettete la farina sul tavolo, aggiungete il lievito sciolto in poca acqua tiepida e lavorate bene con le mani cercando di ottenere un impasto non troppo consistente. Lasciatelo riposare, coperto, in un luogo tiepido per circa un'ora.

Unite all'impasto, in una zuppiera, lo strutto, lo zucchero semolato, la vanillina, la scorza d'arancia grattata e un pizzico di sale.

Quindi incorporate, uno alla volta, i tuorli d'uovo e alla fine le chiare montate a neve.

Lavorate il tutto energicamente con un cucchiaio facendo entrare aria nel composto con movimento rotatorio, dall'alto in basso: continuate per una decina di minuti.

Ungete con dello strutto una teglia rettangolare e versateci dentro il composto (deve risultare alto circa 2 cm).

Lasciate riposare al caldo altre 2 ore poi cuocete in forno medio (180°C) per circa mezz'ora. Fatela intiepidire e cospargetela con lo zucchero vanigliato.

Oggi è d'uso farcirla con panna o crema o crema chantilly.

Torta di Farro e ricotta

PER 8 PERSONE

- Farro: g 250
- Farina bianca 00: g 50
- Ricotta: g 200
- Zucchero: g 150
- 3 uova
- Burro: g 50
- Cannella in polvere
- 2 bicchieri di latte
- Sale

Cuocete il farro in acqua salata per circa un'ora, scolatelo, fatelo freddare e mettetelo in una zuppiera.

Impastatelo bene con la farina, la ricotta, le uova, lo zucchero, il burro fuso, la cannella e un pizzico di sale.

Unite il latte, girate bene e versate il composto in una teglia imburrata e infarinata (o coperta con carta forno) di circa 25 cm e cuocete in forno caldo (180°C) per circa mezz'ora.

Potete usare anche una base di pasta frolla. La versione antica della torta di farro è però **salata***: è molto semplice da fare. Al posto dello zucchero mettete 150 g di parmigiano grattato, poi profumate con noce moscata e pepe.*

Torta di Mele

PER 8 PERSONE

- 5 grosse mele (tipo "golden")
- Zucchero: g 250
- 3 uova
- Burro: g 80
- Farina bianca 00: g 150
- ½ bicchiere di latte
- Uvetta: g 80
- Pinoli: g 50
- 1 bustina di vanillina
- 1 bustina di lievito per dolci
- 1 limone
- Sale

Sbattete le uova con lo zucchero, poi aggiungete il burro fuso, la farina, il latte, la vanillina, il lievito, un cucchiaino di scorza di limone grattata, i pinoli, l'uvetta ammollata e un pizzico di sale.

Imburrate e infarinate (o usate la carta forno) una tortiera di circa 25 cm e versateci dentro l'impasto.

Cospargetelo con le mele sbucciate e senza torsolo e tagliate a fettine sottili con l'affetta verdure (non vi sembrino troppe, la dose è giusta) e cuocete in forno caldo (200°C) per circa 45 minuti.

Volendo, una volta tiepida, potete spolverare la torta con zucchero a velo. Potete variare usando 3 ***mele*** *e 3* ***pere*** *tipo Williams.*

Torta di Riso alla carrarina

PER 8 PERSONE

- Riso: g 100
- 7 uova
- Zucchero: g 300
- ½ litro di latte
- 1 limone e 1 arancia
- 2 bicchierini di rum
- 1 bustina di vanillina
- Sale
- Burro e semolino per la teglia

Lessate per 10 minuti il riso (la dose del riso non è sbagliata, sono proprio 100 g) in acqua bollente leggermente salata, scolatelo e mettetelo da parte.

In una zuppiera sbattete le uova con lo zucchero, aggiungete il rum (potete anche fare un misto con brandy, sassolino, strega, ecc.), la scorza grattata di un limone e di un'arancia, la vanillina e un pizzico di sale. Mescolate bene e aggiungete il latte tiepido.

Imburrate e cospargete con semolino (o usate la carta forno) una teglia di circa 25 cm e mettete sul fondo il riso lessato, quindi versateci sopra la crema che avete preparato.

Cuocete a calore medio (180°C) per circa un'ora. La superficie dovrà apparire ben dorata. Si gusta fredda, a temperatura ambiente.

Questa squisita torta, comune anche a Massa, è quasi un budino. Se volete fare la **classica torta di riso** *cuocete 300 g di riso in un litro di latte e 2 bicchieri d'acqua, al quale avrete aggiunto 200 g di zucchero. Fatelo intiepidire e quindi unite 3 uova, 80 g di burro, 80 g di uvetta e 80 g di candito di cedro. Versate l'impasto in una teglia con carta forno e cuocete in forno caldo (200°C) per circa mezz'ora.*

Torta di Riso e cioccolata

PER 8 PERSONE

- Pasta frolla (farina g 250, zucchero g 100, burro g 100, 2 uova)
- Riso (tipo Originario): g 150
- 2 uova
- Zucchero: g 100
- Cioccolato fondente grattato: g 200
- Cacao amaro: g 100
- Uvetta: g 50
- Pinoli: g 50
- Cedro candito a pezzetti: g 50
- 1 bicchierino di rum (o maraschino o amaretto)
- 1 bustina di vanillina
- Cannella in polvere
- Sale

Preparate una specie di frolla lavorando velocemente gli ingredienti indicati con l'acqua necessaria e un pizzico di sale; fatene una palla e fatela riposare al fresco per un'oretta (potete usare anche della pasta frolla surgelata).

Lessate il riso in acqua bollente salata, scolatelo e mettetelo in una zuppiera, quindi unite lo zucchero, il cioccolato, il cacao, la vanillina, un pizzico di cannella, l'uvetta ammollata, i pinoli, il cedro e il rum; alla fine unite anche le uova.

Foderate (compresi i bordi) con la pasta frolla una teglia rotonda (di circa 25 cm), imburrata e infarinata (o cosparsa di pangrattato o con la carta forno), versateci il composto che avete preparato e richiudeteci sopra il bordo di frolla facendo i famosi "becchi", cioè dei pizzicotti di pasta.

Cuocete in forno caldo (180°C) per circa 40 minuti.

*Questa squisita torta è chiamata anche "**torta co' bischeri**" (a Pisa) o "**torta co' becchi**" (a Lucca).*

Torta di Semolino

PER 8 PERSONE

- Pasta frolla (farina g 200, zucchero g 100, burro g 100, 2 uova)
- Semolino: g 200
- Zucchero: g 100
- Burro: g 50
- 2 uova
- Uvetta: g 50
- Canditi misti tritati: g 80
- 1 bustina di vanillina
- Sale

Preparate una pasta frolla impastando velocemente la farina, il burro morbido, le uova, lo zucchero e un pizzico di sale. Fate una palla e lasciate riposare al fresco per circa un'ora (potete anche usare della pasta frolla già pronta, surgelata).

Cuocete il semolino versandolo in mezzo litro di acqua bollente leggermente salata in modo che risulti piuttosto liquido, dopo una decina di minuti, spegnete il fuoco e fatelo intiepidire, quindi amalgamatelo con lo zucchero, il burro, le uova, l'uvetta ammollata, tutti i canditi e la vanillina.

Imburrate e infarinate (o usate della carta forno) una tortiera di circa 25 cm e foderatela, con le mani, con la pasta frolla.

Versateci dentro l'impasto, rovesciate i bordi e cuocete in forno medio (180°C) per circa 40 minuti.

Zuccotto

PER 6 PERSONE

- Cacao amaro in polvere: g 30
- Zucchero semolato: g 100
- ½ bicchierino di brandy o cognac
- ½ bicchierino di rum
- Panna liquida da montare: ¼ di litro
- Zucchero a velo: g 100
- Ricotta: g 300
- Cioccolato amaro in tavoletta: g 100
- Ciliegine candite: g 50
- Cedro candito: g 50
- 2 dischi di pan di Spagna: circa g 300
- 1 bicchiere di 2 liquori misti (scegliere tra: alchermes, rum, liquore all'arancia, kirsch)

Preparate uno sciroppo di cioccolato mettendo in un pentolino il cacao, lo zucchero, i liquori e mezzo bicchiere d'acqua; ponetelo su fuoco basso e, girando, cuocetelo per circa 5 minuti.

Montate la panna fredda con lo zucchero a velo; passate la ricotta al passatutto e amalgamatela con la panna.

Dividete il composto in due parti disuguali (circa ⅔ e ⅓): nella più abbondante mettete le ciliegine tagliate a metà, il cedro a pezzetti e il cioccolato tritato grossolanamente; mescolate l'altra con lo sciroppo di cioccolato.

Dai due dischi di pan di Spagna ricavatene uno piccolo da mettere sul fondo di uno stampo da zuccotti (fatto a cupola, della capacità di circa 1,5 litri) e dei rettangoli lunghi che serviranno per rivestire le pareti del recipiente.

Mescolate i liquori che avete scelto e diluiteli con un po' d'acqua, quindi con un pennello inzuppate bene tutte le fette. Foderatevi lo stampo e mettete al centro la crema bianca, copritela con fettine di pan di Spagna inzuppate e sopra mettete l'impasto al cacao. Concludete con altre fettine di pan di Spagna, premete bene con un foglio di carta oleata o carta da forno e mettete lo zuccotto in frigorifero per diverse ore.

Zuppa lucchese

PER 4 PERSONE

- 1 buccellato di circa g 300
- 1 bicchiere di vinsanto
- Fragole: g 300
- Zucchero: g 100
- ½ bicchiere di liquore alle fragole o maraschino
- ½ limone
- Panna montata per guarnire

Tagliate il buccellato a fette sottili, inzuppatele nel vinsanto e mettetele su di un vassoio.

Preparate una salsa di fragole mettendo in una casseruola le fragole per metà passate al passatutto e per metà a fettine, lo zucchero, il succo di limone e il liquore; fate cuocere per 5 minuti aggiungendo un po' d'acqua.

Con la salsa ricoprite le fette di buccellato, quindi fate un altro strato di fette di buccellato e coprite ancora con la salsa.

Guarnite il tutto con della panna montata.

Un'altra diffusa versione di questa zuppa (che è comunque "moderna" e nata per utilizzare il duro buccellato avanzato) prevede che le fette di buccellato bagnate nel vinsanto siano messe, a strati, con ***fragole fresche*** *(macerate nel vino bianco e zucchero).*

INDICE DELLE RICETTE

INDICE DEGLI INGREDIENTI PRINCIPALI

PATATE

PEPERONI

PERE

PESCI

PINOLI

PISELLI

POLLAME

POMODORI

PAOLO PETRONI è nato e lavora a Firenze. Laureato in Economia e Commercio, si occupa professionalmente di consulenze di marketing e di ricerche di mercato.

I suoi libri di cultura gastronomica oggi pubblicati da Giunti Editore sono ormai noti e apprezzati sia in Italia che all'estero per la chiarezza espositiva, il rigore storico, la completezza e la semplicità delle ricette che propone.

Tutti i piatti descritti nelle sue opere sono stati realmente provati in modo da eliminare errori e procedimenti lunghi e superflui. In pratica tutto ciò si traduce in una perfetta riuscita delle ricette.

Paolo Petroni è coordinatore e supervisore del ricettario nazionale *La Cucina del Bel Paese* edito dal Touring Club Italiano e della *Guida ai ristoranti* dell'Accademia Italiana della Cucina. È Segretario Generale e Presidente del Centro Studi dell'Accademia Italiana della Cucina fondata da Orio Vergani nel 1953.